# علم و دعوت کے رہنما:

# روشن کارواں

(شخصیات کی حیات و خدمات)

مرتب:

مکرم نیاز

**Ilm o Dawat ke Rahnuma: Raushan KaarvaaN** (Essays)
by: Mukarram Niyaz
Edition: March '2026
Publisher :
*Taemeer Publications LLC* (Michigan, USA / Hyderabad, India)

ISBN 978-93-6908-700-6
9 789369 087006



کتاب : **علم و دعوت کے رہنما: روشن کارواں**
مرتب : **مکرم نیاز**
بہ تعاون : محدث میگزین
صنف : مذہب
ناشر : تعمیر پبلی کیشنز (حیدرآباد، انڈیا)
سالِ اشاعت : ۲۰۲۶ء
صفحات : ۱۴۸
سرورق ڈیزائن : تعمیر ویب ڈیزائن

# فہرست

# پیش لفظ

امتِ مسلمہ کی تاریخ علم، دعوت اور خدمتِ دین کے ایسے روشن میناروں سے بھری پڑی ہے جنھوں نے اپنے فکر و کردار سے تاریک زمانوں کو اجالوں میں بدلا۔ کسی نے حدیث و تفسیر کے چراغ جلائے، کسی نے فقہ و سیرت کی شمعیں روشن کیں، کسی نے دعوت و اصلاح کے میدان میں اپنی پوری زندگی کھپا دی، اور کسی نے قلم و تحقیق کے ذریعے اسلام کی آفاقی صداقتوں کو دنیا کے سامنے پیش کیا۔ آج کے فکری انتشار اور عملی کمزوری کے دور میں سب سے بڑی ضرورت یہی ہے کہ ہم ان روشن چہروں کو دوبارہ پہچانیں، ان کی حیات و خدمات کا مطالعہ کریں اور اپنے لیے سمتِ سفر متعین کریں۔ زیرِ نظر کتاب "علم و دعوت کے رہنما: روشن کارواں" اسی احساس کا ثمرہ ہے۔ اس میں نو ممتاز اسلامی شخصیات کی حیات، علمی خدمات، دعوتی جد و جہد اور امت پر ان کے اثرات کو نہ صرف تاریخی حوالوں سے پیش کیا گیا ہے بلکہ قاری کے لیے عملی سبق کی صورت میں بھی مرتب کیا گیا ہے۔ یہ تذکرے محض تعارفی خاکے نہیں، بلکہ ایک ایسے قافلے کی جھلک ہیں جس کے قدموں کے نشانات پر چل کر آج بھی دین، علم اور دعوت کے میدان میں نئی زندگی پیدا کی جا سکتی ہے۔ ہر شخصیت اپنے اندر ایک مکتبِ فکر ہے، ایک

زندہ درس گاہ ہے، اور ہمارے لیے اس بات کی یاد دہانی ہے کہ علم ہو یا دعوت، اخلاص، صبر، استقامت اور خدمتِ خلق اس کے بنیادی ستون ہیں۔

پہلا مضمون "سید میاں محمد نذیر حسین دہلویؒ: حیات و خدمات" (عبد الغفور راشد) دہلی کے اس عظیم محدث کی زندگی کا نقشہ کھینچتا ہے جنہوں نے حدیث کی تدریس، سند کی حفاظت اور کتاب و سنت کی دعوت کو اپنی عمر کا محور بنایا۔ ان کی درسگاہ سے نہ جانے کتنے علماء اور محدثین نکلے جنہوں نے برصغیر میں اہلِ حدیث تحریک کو مضبوط بنیادیں فراہم کیں۔ دوسرا مضمون "مولانا ابو القاسم سیف بنارسیؒ اور ان کی تصنیفات" (عبد الرشید عراقی) بنارس کی اس علمی شخصیت کا تذکرہ ہے جنہوں نے قلم کے ذریعے عقیدہ، فقہ، سیرت اور اصلاحی موضوعات پر گراں قدر کتب یادگار چھوڑیں۔ مضمون نگار نے ان کی تصنیفی جہات، اسلوب اور اثرات کو نہایت جامع انداز میں سمیٹا ہے۔

تیسرا مضمون "مولانا ابو الکلام آزادؔ کا دینی سفر" (ابو سلمان شاہ جہاں پوری) ایک ہمہ جہت عالم، خطیب، مفکر اور مجاہدِ آزادی کی دینی زندگی پر مرکوز ہے۔ اس میں دکھایا گیا ہے کہ ابو الکلام نے تفسیرِ قرآن، خطابت، صحافت اور سیاست کے میدان میں اسلام کی ترجمانی کیسے کی اور کس طرح انہوں نے دین و ملت کے تحفظ کو اپنی جدوجہد کا اصل مقصد بنایا۔ چوتھا مضمون "مولانا حافظ عبد العزیز رحیم آبادی" (قاضی عبد الفتاح) ایک ایسے ربانی عالم کا ذکر ہے جنہوں نے دینی مدارس، مساجد اور اصلاحی تحریکوں کے ذریعے عام مسلمانوں میں قرآن و سنت کی محبت پیدا کی، اور سادگی و تقویٰ کے ساتھ دعوتی کام کو آگے بڑھایا۔ پانچواں مضمون "ڈاکٹر محمد حمید اللہؒ" (خورشید احمد) اس بین الاقوامی

شہرت یافتہ محقق و محدث کی خدمات پر روشنی ڈالتا ہے، جنہوں نے مغرب کے علمی مراکز میں رہ کر سیرت، سیرت کے مآخذ، اسلامی قانونِ بین الدول اور تاریخِ اسلام پر غیر معمولی علمی سرمایہ پیش کیا۔ دستاویزی تحقیق، مخطوطات کی تلاش اور متعدد زبانوں میں تصنیف و تالیف ان کی خصوصیت رہی، جس نے اسلام کا موقر علمی تعارف دنیا کے سامنے رکھا۔ چھٹا مضمون "شیخ الحدیث مولانا محمد اسماعیل سلفیؒ" (عبدالرشید عراقی) برصغیر کے اس جلیل القدر محدث اور جماعتی رہنما کی زندگی بیان کرتا ہے جو تدریسِ حدیث، تنظیمی قیادت اور اصلاحِ معاشرہ میں مرکزی مقام رکھتے تھے۔

ساتواں مضمون "سیرت کے شناور مولانا صفی الرحمن مبارکپوری" (مجیب الرحمن) اس سیرت نگار کی حیات کا احاطہ کرتا ہے جس کی کتاب الرحیق المختوم نے دنیا بھر میں سیرتِ نبوی ﷺ کے فہم کو نیا ذوق اور نئی ترتیب دی۔ آٹھواں مضمون "ڈاکٹر مقتدیٰ حسن ازہری؛ جوارِ رحمت میں" (اشفاق سجاد سلفی) ایک ایسے عالم و مفسر کا تذکرہ ہے جو علم، حلم اور دعوت کے حسین امتزاج کے ساتھ دارالعلوم، عرب دنیا اور مقامی سطح پر خدمتِ دین میں مصروف رہے۔ نواں مضمون "شیخ الحدیث والتفسیر مولانا ابوالبرکات احمد مدراسی" (اخت عبدالواسع) جنوبی ہند کے اس ممتاز عالم کی زندگی، تدریسی خدمات، تفسیر و حدیث کی مجالس اور دعوتی جدوجہد کو محفوظ کرتا ہے۔

یوں یہ سارا مجموعہ ایک روشن کارواں کی کہانی ہے، جو قاری کو بتاتا ہے کہ علم و دعوت کا راستہ آج بھی کھلا ہوا ہے، بس ضرورت اس بات کی ہے کہ ہم ان رہنماؤں کے چراغ سے اپنی دنیا کو منور کریں۔

ا

# سید میاں محمد نذیر حسین دہلویؒ ...

# حیات و خدمات

عبدالغفور راشد

شیخ الکل فی الکل شمس العلما، استاذالاساتذہ سید میاں محمد نذیر حسین محدث دہلوی حسینی حسنی بہاروی ہندی (۱) برصغیر پاک وہند کی عظیم المرتبت شخصیت ہی نہیں بلکہ اپنے دور میں شیخ العرب والعجم، نابغہ روز گار فردِ وحید تھے۔ آپ کی حیات و خدمات کا احاطہ ایک مضمون میں ناممکن ہے۔ بلاشک وشبہ اب تک عظیم اہل قلم نے اپنی تحریروں میں حضرت محدث دہلوی کی حیات وصفات کے کئی پنہاں گوشے نمایاں کئے ہیں۔ زیر نظر مضمون میں بھی خدماتِ حدیث کی تاریخ میں جھانکنے کی کوشش کی گئی ہے۔ تاریخ کے دامن میں کتنی جلیل القدر شخصیات ہیں جو اپنی ذات میں انجمن تھیں، انہوں نے زندگی کے ہر شعبے میں گرانقدر خدمات انجام دیں جو ہماری تاریخ کا بیش قیمت سرمایہ ہے۔ بالخصوص خدمتِ حدیث کے حوالہ سے برصغیر پاک وہند کے عظیم مجتہد، امام وفقیہ، مفسر ومحدث سید میاں محمد نذیر حسین حسنی حسینی ہندی بہاروی دہلوی جن کا سلسلہ نسب حضرت علی کرم اللہ وجہہ سے ملتا ہے۔

## سلسلہ نسب

سید محمد نذیر حسین بن جواد علی بن عظمت اللہ بن اللہ بخش بن محمد بن ماہ رو بن محبوب بن قطب الدین بن ہاشم بن چاند بن معروف بن بدھن بن محمد بن محمود بن داؤد بن فضل بن فضیل بن ابوالفرح بن حسن عسکری بن نقی بن علی تقی بن موسیٰ رضا بن موسیٰ کاظم بن جعفر صادق بن محمد باقر بن زین العابدین علی بن حسین بن علی بن ابی طالب(۲) آپ ۱۲۲۵ھ کو سورج گڑھا(بہار) میں پیدا ہوئے۔(۳)

## ابتدائی تعلیم

آپ نے سولہ برس کی عمر میں قرآن مجید سورج گڑھا کے فضلا سے پڑھا، پھر الہ آباد چلے گئے جہاں مختلف علما سے مراح الارواح، زنجانی، نقود الصرف، جزومی، شرح مائۃ عامل، مصباح ہزیری اور ہدایۃ النحو جیسی کتب پڑھیں۔(۴)

پھر آپ نے ۱۲۴۲ھ میں دہلی کا رخ کیا۔ وہاں مسجد اورنگ آبادی محلہ پنجابی کٹرہ میں قیام کیا۔ اسی قیام کے دوران دہلی شہر کے فاضل اور مشہور علما سے کسبِ فیض کیا جن میں مولانا عبدالخالق دہلوی، مولانا شیر محمد قندھاروی، مولانا جلال الدین ہروی اور مولانا کرامت علی صاحبِ سیرتِ احمدیہ قابل ذکر ہیں۔ یہاں آپ کا قیام پانچ سال رہا۔(۵) آخری سال ۱۲۴۶ھ کو استادِ گرامی مولانا شاہ عبدالخالق دہلوی نے اپنی دختر نیک اختر آپ کے نکاح میں دے دی۔ اس نکاح میں خاندانِ ولی اللٰہی کے فرزندِ نبیل شاہ محمد اسحاق محدث دہلوی اور ان کے بھائی شاہ محمد یعقوب دہلوی بھی شریکِ خاص ہوئے۔(۶)

میاں صاحب محدث دہلوی نے شاہ محمد اسحق محدث دہلوی سے بیش قیمت علمی خزینے سمیٹے۔ آپ معرفتِ حدیث و معانی اور شرح و تفسیر کے میدان میں ایک اعلیٰ مقام پر جا پہنچے۔ معضلات و مشکلات و مطابقت کی علمی گتھیاں سلجھانے کی واقفیتِ تامہ حاصل

کی۔ اپنے شیخ کی صحبتِ صالح میں عمر عزیز کے تیرہ سال صرف کئے اور ان سے وہ فیوضِ کبیرہ سمیٹنے میں کامیاب ہوئے جہاں تک کوئی دوسرا تلمیذ نہ پہنچ سکا۔ جب حضرت شاہ محمد اسحق دہلوی شوال ۱۲۵۸ھ کو حج بیت اللہ کے ارادے سے مکہ مکرمہ تشریف لے گئے تو اپنے تلمیذِ رشید حضرت میاں صاحب کو مسندِ حدیث پر بیٹھا کر گئے بلکہ تعلیم نبویؐ اور سنتِ رسول اللہؐ کے لئے انہیں سرزمین ہند میں اپنا خلیفہ قرار دیا۔ پھر اپنے دستِ مبارک سے سندِ حدیث لکھ کر دی۔ تدریس حدیث و افتاء کی اجازت مرحمت کرنے کے ساتھ خلوصِ قلب سے برکت کے لئے دعا کی۔(۷)

پھر یقیناً فیوض و برکات نازل ہوئیں اور رحمت کی برکھا برسی، عرب و عجم سے آنے والے کتنے ہی تشنگانِ علم حدیث نے اپنی علمی پیاس بجھائی۔ حضرت میاں صاحب اس گلشن حدیث کی تقریباً ساٹھ سال آبیاری کرتے رہے۔

## خطابات اور القاب

### میاں صاحب:

علماء وطلبہ کی طرف سے آپ کو میاں صاحب کا لقب ملا۔ کیونکہ شاہ ولی اللہ محدث دہلوی کے خانوادۂ علمیہ سے تعلق رکھنے والے علما کو میاں صاحب کے نام سے پکارا جاتا تھا اور ویسے بھی یہ لقب ہندوستان میں عزت کا نشان تھا۔ اسی لئے آپ کو بھی میاں صاحب کا لقب ملا اور یہ آپ کے نام پر غالب آگیا۔(۸)

### شیخ الکل فی الکل:

جب حضرت میاں صاحب حج کے ارادے سے ۱۳۰۰ھ کو مکہ مکرمہ تشریف لے گئے تو وہاں عرب و عجم کے علماء و فضلا کی کثیر جماعت نے آپ سے استفادہ کیا اور سندِ حدیث حاصل کی۔ ثانیاً آپ علومِ آلیہ وعالیہ میں شیخ العرب والعجم تھے، چنانچہ ان دو

حوالوں سے آپ کو شیخ الکل فی الکل کے لقب سے مخاطب کیا گیا۔(۹)

**شمس العلما:**

حضرت میاں صاحب کو حکومت ہند کی طرف سے شمس العلماء کا خطاب ملا۔ لیکن آپ ذاتی طور پر میاں صاحب کے لقب کو زیادہ پسند کرتے تھے اس لئے کہ اس میں انکساری کے ساتھ ساتھ آباء و اجداد کے ساتھ روحانی تعلق تھا جو اس مسندِ حدیث پر جلوہ افروزی کر چکے تھے۔(۱۰)

**مشہور تلامذہ**

جب حضرت میاں صاحب مسندِ حدیث پر جلوہ افروز ہوئے تو آپ سے استفادہ کرنے کے لئے مشرق و مغرب سے علم حدیث کے طلب گار بھاگے چلے آئے۔ اندرون و بیرونِ ہند سے عربی و عجمی طلبہ کی قطاریں لگ گئیں۔ حبشہ، افریقہ، جزائر، جاوا، ساٹرا، تیونس، کابل، غزنی، قندھار، بخارا، بلخ، یاغستان، ایشیائے کوچک، ایران، خراسان اور دوسرے مقامات سے حدیث کے طلبگار کھنچے چلے آئے جن کی تعداد ایک لاکھ پچیس ہزار سے متجاوز ہے لیکن یہاں چند تلامذہ کا تذکرہ اختصار سے نذرِ قارئین ہے:

حافظ محمد بن بارک اللہ لکھوی: صاحبِ تفسیر محمدی (۱۲۲۱ھ تا ۱۳۱۱ھ):

علم و عمل کا یہ آفتاب ضلع فیروز پور کے گاؤں لکھو کے میں مولانا بارک اللہ لکھوی کے آنگن میں طلوع ہوا جس نے پنجاب کے طول و عرض میں ضوفشانیاں کیں۔ حافظ محمد لکھوی نے سن شباب میں پہنچ کر تحصیل علم کے لئے دور دراز کے سفر کئے۔ دیگر کبار شیوخ سے استفادہ کے ساتھ دبستانِ دہلوی میں شیخ الکل فی الکل میاں محمد نذیر حسین محدث دہلوی کی خدمت میں بھی حاضر ہوئے اور وہاں سے حظِ ثمین لے کر واپس پلٹے اور موضع لکھو کے میں مدرسہ محمدیہ کے نام سے درسگاہ کا آغاز کیا جس میں تشنگانِ دین حنیف

کو سیراب کیا۔ کامیاب تدریس کے ساتھ تصنیفی شعبہ میں بھی گرانمایہ خدمات انجام دیں۔ سات ضخیم جلدوں میں 'تفسیر محمدی' کے نام سے پنجابی زبان میں قرآن پاک کی تفسیر لکھی۔ تفسیر قرآن کے علاوہ بھی کتابیں تالیف کیں، خصوصاً 'احوال الآخرۃ' اور 'زینۃ الاسلام' مقبولِ عام اور پنجاب کے ہر گھر کی زینت بنیں۔ (۱۱) مدرسہ محمدیہ آج بھی اوکاڑہ شہر میں جامعہ محمدیہ کے نام سے حضرت مولانا معین الدین لکھوی کی سرپرستی میں مہر تاباں کی طرح اپنی خدمات انجام دے رہا ہے۔

مولانا شمس الحق ڈیانوی: صاحبِ عون المعبود (۱۲۷۳ھ تا ۱۳۲۹ھ):

مولانا شمس الحق ڈیانوی عظیم آبادی کا شمار کبار علما میں ہوتا ہے۔ انہوں نے مقتدر شیوخ حدیث سے استفادہ کیا، بعد میں حضرت سید میاں صاحب اور علامہ شیخ حسین بن محسن انصاری یمانی خزرجی سے اپنی علمی پیاس بجھائی۔ مکمل سیرابی کے بعد دین حنیف کی ترویج و اشاعت، قرآن و حدیث کی تعلیم و تدریس اور تعلیماتِ اسلام کی تصنیف و تالیف کو مقصدِ حیات بنالیا۔ ان سے قابل ذکر اہل علم نے استفادہ کیا جبکہ تالیفی میدان میں ان کی خدماتِ جلیلہ ناقابل فراموش ہیں۔ خصوصاً سنن ابی داوود کی عربی شرح 'عون المعبود' چار جلدوں میں اور ابوداود کی دوسری نامکمل شرح غایۃ المقصود کی صورت میں انہوں نے جو ورثہ چھوڑا، وہ رہتی دنیا تک چشمہ فیض کا کام کرتا رہے گا۔ (۱۲)

مولانا عبد الرحمن مبارکپوری، مؤلف تحفۃ الاحوذی (۱۲۸۳ھ تا ۱۳۵۳ھ):

علامہ ابویعلی محمد عبد الرحمن مبارکپوری ضلع اعظم گڑھ (ہند) کی مردم خیز بستی مبارکپور میں حکیم حافظ عبد الرحیم کے گھر پیدا ہوئے۔ ابتدائی تعلیم والدِ گرامی سے حاصل کی جو کہ حضرت میاں صاحب کے ہی فیض یافتہ تھے۔ بعد ازاں حضرت میاں صاحب، علامہ حسین بن محسن انصاری، قاضی محمد بن عبد العزیز مچھلی شہری اور حافظ محمد

عبد اللہ غازی پوری سے کسبِ فیض کیا۔ تمام عمر کتاب و سنت کی خدمت میں صرف کر دی۔ مختلف موضوعات پر کتابیں لکھیں جبکہ جامع ترمذی کی چار ضخیم جلدوں میں عربی میں شرح 'تحفۃ الاحوذی' ان کے علم و فضل کا شاہکار ہے۔ علماء کی کثیر جماعت نے ان سے استفادہ کیا۔(۱۳)

مولانا محمد حسین بٹالویؒ (۱۲۵۶ھ تا ۱۳۳۸ھ):

مولانا محمد حسین بٹالوی نے سن شعور میں پہنچ کر تحصیل علم کے لئے دور دراز کے سفر کئے۔ حضرت میاں صاحب دہلوی، مفتی صدر الدین دہلوی اور مولانا نورالحسن کاندھلوی سے اخذِ علم کیا۔ تمام عمر عزیز خدمتِ قرآن و حدیث کے لئے وقف کر دی۔ تبلیغ دین، تدریس حدیث، اشاعت السنۃ اور تصنیف و تالیف میں گرانقدر خدمات انجام دیں۔ قادیانیت، چکڑالویت اور فتنۂ انکار حدیث کے لئے شبانہ روز محنت کی۔ بایں سلسلہ متعدد کتابیں تالیف کیں۔ مرزا غلام احمد قادیانی کے خلاف پہلا تحریری فتویٰ بھی آپ نے ہی شائع کیا۔ مولانا بٹالوی دشمنانِ اسلام کے لئے سیفِ بے نیام تھے۔ جنہوں نے کسی مداہنت و مصلحت کے بغیر اپنی تبلیغی، تدریسی، تقریری اور تحریری سرگرمیوں کو تادمِ ارتحال جاری وساری رکھا۔(۱۴)

حافظ عبد اللہ محدث غازی پوری (۱۲۶۰ھ تا ۱۳۳۷ھ):

مولانا حافظ عبد اللہ قصبہ میو ضلع اعظم گڑھ میں پیدا ہوئے۔ ان کے والدین نقل مکانی کر کے اعظم گڑھ سے غازی پور منتقل ہو گئے۔ بارہ سال کی صغر سنی میں قرآنِ مجید حفظ کر لیا۔ حضرت میاں سید محمد نذیر حسین محدث دہلوی کے علاوہ مولانا رحمت اللہ لکھنوی اور مفتی محمد یوسف لکھنوی سے بھی کسبِ فیض کیا۔ حضرت میاں صاحب نے فرمایا:

"میرے پاس دو عبد اللہ آئے ہیں: ایک عبد اللہ غزنوی اور دوسرے عبد اللہ غازی پوری..."

حضرت غازی پوری کا شمار ماضی کے فحول علما میں ہوتا ہے۔ ۱۹۰۶ء میں 'آل انڈیا اہلحدیث کانفرنس' معرضِ وجود میں آئی تو حضرت غازی پوری صدر اور مولانا ثناء اللہ امرتسری ناظم اعلیٰ منتخب ہوئے۔ جب مسندِ حدیث پہ متمکن ہوئے تو مولانا عبد السلام مبارکپوری، مولانا عبد الرحمن مبارکپوری، مولانا محمد سعید بنارسی اور سید محمد داود غزنوی جیسے مقتدر علمانے ان سے اکتساب کیا۔(۱۵)

حافظ عبد المنان وزیر آبادی (۱۲۶۷ھ تا ۱۳۳۴ھ):

استادِ پنجاب حافظ عبد المنان وزیر آبادی کی نو سال میں بینائی جاتی رہی جبکہ بارہ سال کی عمر میں ماں کے سایۂ عاطفت سے محروم ہوگئے۔ اوائل عمری میں دل شکستہ ہونے کی بجائے حوصلہ مندی سے دین حنیف کے علم کے حصول کے لئے کرولی، جہلم، مالایار، جونا گڑھ، بھوپال اور دہلی جیسے دور افتادہ علاقہ جات کا کٹھن سفر کیا اور دبستانِ دہلی میں حضرت میاں صاحب سے فیض یابی کے بعد اپنے وطن مراجعت کی تو وزیر آباد میں 'دارالحدیث' کے نام سے مسندِ حدیث سجائی۔ تدریس حدیث کی مہک نے فضا کو اس قدر معطر کیا کہ دور دراز سے طالبانِ حق کھنچے چلے آئے۔ مستفید ہونے والوں میں مولانا ثناء اللہ امرتسری، مولانا حافظ محمد ابراہیم میر سیالکوٹی، مولانا محمد علی لکھوی، حافظ محمد محدث گوندلوی، مولانا محمد اسماعیل سلفی اور مولانا محمد باقر، جھوک دادو خاص طور پر قابل ذکر ہیں حضرت حافظ وزیر آبادی خدمتِ حدیث کی بنا پر 'استادِ پنجاب' کہلائے۔(۱۶)

مولانا محمد ابراہیم آروی (۱۲۶۴ھ تا ۱۳۱۹ھ):

مولانا محمد ابراہیم آروی بھی حضرت میاں صاحب کے تلامذہ میں سے ایک اہم نام

ہے جنھوں نے حصولِ علم کے لئے دور دراز کے سفر کئے۔ دبستانِ دہلی کے علاوہ علی گڑھ، دیوبند اور سہارنپور کے شیوخ الحدیث اور اساتذۂ ادب سے تمام دینی علوم و فنون میں مہارتِ تامہ حاصل کی۔ تحصیل علم کے بعد آرہ اور دوسرے علاقوں میں شمع علم کو فروزاں کیا۔ مولانا آروی کئی کتابوں کے مصنف ہیں۔(۱۷) مولانا آروی تبلیغ دین میں یدِ طولیٰ رکھتے تھے۔ ۱۹۰۴ء میں 'آل انڈیا اہل حدیث کانفرنس' کے قیام کے بعد تبلیغ کیلئے جو خصوصی وفد تشکیل دیا گیا، اسمیں مولانا آروی سرفہرست تھے۔

قاضی طلا محمد پشاوری (۱۲۲۷ھ تا ۱۳۱۰ھ):

قاضی طلا محمد کا شمار ہندوستان کے مشہور شعراء میں ہوتا ہے۔ پشاور کے ایک معزز و متمول گھرانے میں ان کی ولادت ہوئی۔ سن شعور میں پہنچے تو حصولِ علم کیلئے طویل سفر اختیار کئے۔ حضرت میاں صاحب، سید عبد اللہ غزنوی، مولانا محمد حسین بٹالوی اور دیگر فحول علما سے کسبِ فیض کیا۔ تحصیل علم کے بعد تبلیغ و تدریس اور تصنیف و تالیف میں مشغول ہوگئے۔ چند اہم کتابیں منصہ شہود پر آئیں۔ عربی شاعری میں خاص مقام حاصل کیا۔ ان کا کلام 'دیوان القاضی طلا محمد البشاوری' کے نام سے لاہور سے شائع ہوا ہے جس پر تحقیق و تقدیم پروفیسر ڈاکٹر ظہور احمد اظہر نے کی ہے۔(۱۸)

امام سید عبد الجبار غزنوی (۱۲۶۸ھ تا ۱۳۳۱ھ):

مولانا سید امام عبد الجبار غزنوی اور ان کے والد گرامی سید عبد اللہ غزنوی صاحبِ کرامات بزرگ تھے اور دونوں ہی دبستانِ دہلی کے فیض یافتہ تھے بلکہ مولانا عبد الجبار غزنوی کے دیگر بھائیوں نے بھی اسی چشمہ صافی سے اپنی تشنہ کھیتی کو سیراب کیا۔ دہلی سے مراجعت کے بعد مولانا عبد الجبار غزنوی نے امرتسر میں مسندِ حدیث سجائی اور اکناف و اطراف کے طالبانِ حق کو فیض یاب کیا۔ خانوادئہ غزنویہ کی یادگار آج بھی

'دارالعلوم تقویۃ الاسلام' کی صورت میں لاہور میں موجود ہے جسے بعد میں سید محمد داود غزنوی، پروفیسر سید ابو بکر غزنوی اور ان کی اولاد و احفاد نے بصورتِ شمع دین فروزاں رکھا۔(۱۹)

مولانا عبد الجبار عمرپوری (۱۲۷۷ھ):

مولانا عبد الجبار عمرپوری کا شمار حضرت میاں صاحب کے خاص فیض یافتگان میں ہوتا ہے۔ تحصیل علم کے بعد مختلف مقامات پر تدریسی فرائض انجام دیئے۔ تصنیف و تالیف سے بھی شغف تھا۔ عربی شاعری میں طبع آزمائی کی، مولانا عبد الحیٔ لکھنوی نے 'نزہۃ الخواطر' میں ان کے چند عربی اشعار نقل کئے ہیں۔(۲۰)

مذکورہ شخصیات کے علاوہ سید حسین بن میاں صاحب، حضرت سید عبد اللہ غزنوی اور ان کے پانچ بیٹے، مولانا امیر الحسن اور ان کا بیٹے امیر احمد سہسوانی، مولانا سعادت حسین بہاروی، مولانا رفیع الدین شکرانوی، مولانا تلطف حسین، محی الدین پوری ثم عظیم آبادی، مولانا نور احمد ڈیانوی، مولانا اسد علی اسلام آبادی، مولانا قاضی محفوظ اللہ پانی پتی، مولانا احمد دہلوی، مولانا بخش احمد قاضی پوری، مولانا سلامت اللہ اعظم گڑھی، مولانا ابو عبد الرحمن پنجابی، میاں غلام رسول قلعوی، مولانا محمد طاہر سلہٹی اور مولانا عبد العزیز بن احمد اللہ رحیم آبادی بھی قابل ذکر شخصیات ہیں۔(۲۱) مذکورہ تمام شخصیات نے دین حق کے لئے گراں قدر خدمات انجام دی ہیں۔ ان مقتدر فحول علما نے تبلیغی، تدریسی، تصنیفی اور اشاعتی میدان میں آنے والے متلاشیانِ حق کے لئے وہ انمٹ نقوش چھوڑے ہیں جو رہتی دنیا قائم رہیں گے۔

**تلامذہ بیرونِ ہند:**

دبستانِ دہلی سے فیضیاب ہونے کے لئے سرزمین ہند ہی نہیں بلکہ بیرونِ ہند دیگر

ممالک و علاقہ جات سے بھی طالبانِ حق نے کسب فیض کیا: کابل: شیخ عبدالحمید، شیخ اخوان، شیخ شہاب الدین، شیخ عبدالرحیم... باجوڑ: مولوی زین العابدین ... یاغستان: مولوی محمد حسین... بخارا: ملا رجب علی... سمرقند: ملا جلال الدین... غزنی: ملا شہاب الدین ... قوقند: ملا نورالدین قہستانی، ملا عبدالنور، ملا میر عالم... ہرات: ملا عزیز الدین، ملا سید محمد... حجاز: شیخ عبدالرحمن بن عدن نعمانی... جزیرہ حبشان: شیخ اسحق بن عبدالرحمن، شیخ علی بن قاضی، عبداللہ بن سعد بن عبدالعزیز حدیہش، قاضی محمد بن ناصربن مبارک، قاضی سعد بن عتیق، شیخ محمد بن ابراہیم... سوڈان: شیخ عبداللہ بن ادریس الحسینی (۲۲)

## تلامذہ سے آپ کی شفقت

حضرت میاں صاحب محدث دہلوی شیخ العرب والعجم ہونے کے باوجود کبھی انہیں بڑا ہونے کا زعم نہیں ہوا اور نہ ہی انہوں نے کبھی تفوقِ علمی کا اظہار کیا بلکہ عجز و انکساری کرنے والے بالخصوص اپنے تلامذہ سے اخلاق و اخلاص سے لبریز برتاؤ کرتے۔

ایک دفعہ سردی کے موسم میں آپ کے پاس لحاف آئے: آپ نے سب تقسیم کر دیئے تو عشاء کے بعد ایک طالب علم آیا اور کہنے لگا کہ کسی وجہ سے کہیں گیا ہوا تھا، تقسیم کے وقت محروم رہ گیا۔ اب مجھے بھی ضرورت ہے۔ حضرت میاں صاحب نے سردی کی وجہ سے اپنے جسم پر جو لحاف اوڑھ رکھا تھا، اتار کر اس طالب علم کو دے دیا۔ آپ کا یہ عمل اس آیت کریمہ کا مصداق تھا

﴿وَيُؤْثِرُونَ عَلَىٰ أَنفُسِهِمْ وَلَوْ كَانَ بِهِمْ خَصَاصَةٌ... ٩﴾... سورة الحشر

آپکے پاس جو کچھ آتا تھا طلبہ، غربا اور مساکین میں تقسیم کر دیتے تھے۔ کبھی آپ نے دولت کا لالچ کیا اور نہ جمع کی۔ یہی وجہ تھی کہ آپ نے دہلی میں اسّی سال بسر کیئے،

ساٹھ سال سے زیادہ عرصہ حدیثِ رسولؐ پڑھائی، پڑھنے والوں میں غریب بھی تھے امیر بھی، غنی بھی تھے تونگر بھی، تاجر بھی تھے اور اہل ثروت بھی۔ لیکن ساری زندگی اپنا مکان نہیں بنایا۔ ایک کمرے کے مکان میں رہتے تھے اور وہ بھی کرایہ کا تھا۔

حضرت میاں صاحب کے بارے میں اہل علم و دانش کے ہاں یہ واقعہ توزبان زد عام ہے کہ جب مولانا سید عبد اللہ غزنوی امرتسر سے حدیث پڑھنے کے لئے دہلی گئے تو اپنے سامان سمیت سٹیشن پر کھڑے تھے کہ کوئی مزدور یا قلی مل جائے جو سامان اُٹھا کر مسجد تک لے جائے۔ اسی اثنا میں حضرت میاں صاحب آگئے، آپ نے سامان اُٹھایا اور منزل تک لے گئے۔ سید عبد اللہ غزنوی نہیں جانتے تھے کہ سامان اٹھانے والا کون ہے۔ منزل پر پہنچ کر خدمت کی ) کھانا کھلایا جب فارغ ہوئے تو سید غزنوی نے پوچھا کہ بھائی حضرت میاں صاحب سے ملاقات کب اور کیسے ہوگی؟ میاں صاحب نے جواب دیا، جناب خادم کو میاں محمد نذیر حسین کہتے ہیں، اس پر سید غزنوی بڑے متعجب ہوئے اور خلوصِ نیت سے دعا کی۔

☆ اسی طرح کا ایک اور واقعہ ہے کہ شیخ پنجاب حافظ عبد المنان وزیر آبادی جو حضرت میاں صاحب کے تلمیذِ رشید مگر نابینا تھے۔ انہوں نے بیان کیا کہ دورانِ تعلیم ایک دن میں قضاء حاجت کے لئے نکلا میرے راستے میں ایک بیل تھا، وہ سینگ مارتا تھا مجھے علم نہیں تھا جب میں قریب پہنچا تو ایک آدمی آیا اس نے میرا ہاتھ پکڑا اور مجھے بیت الخلا کی طرف لے گیا۔ پھر استنجا کے لئے مٹی کے ڈھیلے دیئے پھر واپس مسجد میں لاکر چھوڑ دیا تو دیکھنے والوں نے پوچھا کہ جاتے ہوئے تمہیں بیل کے سینگ سے کس نے بچایا اور بیت الخلا کون لے کر گیا، میں نے کہا نہیں، تو انہوں نے کہا یہ سارا کام حضرت میاں صاحب نے کیا ہے۔

## صحیح بخاری سے محبت

امیر المؤمنین فی الحدیث محمد بن اسمٰعیل بخاری کی تالیف جامع صحیح بخاری کتبِ حدیث میں ممتاز و منفرد مقام رکھتی ہے۔ قرآن مجید کے بعد صحیح بخاری معتمد ترین کتاب ہے۔ بایں وجہ حضرت میاں صاحب صحیح بخاری سے بڑی محبت کرتے تھے۔ دورانِ تعلیم آپ نے تین مرتبہ بخاری شریف پڑھی۔ پہلی مرتبہ مولانا سید عبد الخالق دہلوی سے، دوسری مرتبہ مولانا شاہ محمد اسحق دہلوی سے اور تیسری مرتبہ آپ نے پھر حضرت شاہ محمد اسحق محدث دہلوی سے جامع صحیح بخاری پڑھی۔

جہاں تک شاگردوں کو پڑھانے کا تعلق ہے تو خود میاں صاحب کو بھی یاد نہیں کہ کتنی مرتبہ انہوں نے بخاری شریف پڑھائی۔ جب ۱۸۵۶ء میں جنگِ آزادی کا آغاز ہوا تو دہلی میں زیادہ شور شرابہ تھا چونکہ دہلی شہر دارالحکومت تھا، اس لئے یہاں زیادہ آگ برسائی گئی۔ بہت لوگ شہر چھوڑ کر چلے گئے لیکن حضرت میاں صاحب مسلسل حدیث کی تعلیم دیتے رہے۔ سید عبد اللہ غزنوی بھی ان دنوں پڑھتے تھے، کمالِ استقامت و محبتِ حدیث کہ آپ نے اپنا مشن جاری رکھا۔ انگریز نے غلبہ پانے کے بعد ظلم و بربریت کی انتہا کر دی۔ بالخصوص اہل حدیث افراد کو چن چن کر ظلم کا نشانہ بنایا گیا، جائیدادیں ضبط کی گئیں۔ کالا پانی کی سزائیں دی گئیں۔ وہابی کہا گیا باغی گردانا گیا لیکن ان کے پایۂ استقلال میں لغزش نہیں آئی۔

## میاں صاحب کا عزم و استقلال

۱۸۵۷ء کی جنگِ آزادی میں اہل ہند کامیابی سے ہمکنار نہ ہو سکے۔ جبکہ انگریز نے غلبہ پایا اور اپنا تسلط جما لیا تو جبر و استبداد کی انتہا کر دی۔ ہندوستان کے غیور شہریوں کی جائیدادیں ضبط ہوئیں، پابند سلاسل کر کے جیلوں میں پھینکا گیا۔ کئی سرفروشوں کے سر

تن سے جدا کر دیئے گئے۔ مگر ضمیر فروشوں کو انعامات و اکرامات سے نوازا گیا۔ انہوں نے بھی انگریز سامراج فرمانروا کا قرب اور خوشنودی حاصل کرنے کے لئے ضمیر فروشی کی انتہا کر دی۔ ان میں سے ایسے بھی عاقبت نا اندیش تھے جنہوں نے علماء حق پرست کے خلاف سازشیں کیں، ایسا ہی ایک سازشی گروہ انگریز بہادر کو کہتا ہے کہ برصغیر میں انگریزوں کے خلاف جنگِ آزادی میں حصہ لینے والوں میں 'وہابی' پیش پیش تھے اور ان کا سرغنہ میاں نذیر حسین محدث دہلوی جو حدیث پڑھا کر برانگیختہ کرتا ہے، چنانچہ اس جرمِ حریت کی پاداش میں حضرت میاں صاحب کو راولپنڈی جیل میں قید کر دیا گیا جہاں انہوں نے ایک سال گزارا لیکن جیل میں بھی مطالعہ و تدریس حدیث کو جاری رکھا۔

جب حضرت میاں صاحب حج کے ارادہ سے مکہ مکرمہ تشریف لے گئے تو وہاں آپ کی عزت و تکریم مخالف برداشت نہ کرسکے انہوں نے شریفِ مکہ حاکم حجاز نور پاشا کے سامنے شکایت کی کہ میاں محدث دہلوی کا تعلق وہابی نجدیوں کے ساتھ ہے اور یہ لامذہب یعنی کسی معین امام کی تقلید نہیں کرتا ہے۔ اس بنا پر حاکم حجاز نے میاں صاحب کو طلب کر لیا تو آپ نے بیان دیا کہ میرا مذہب کتاب و سنت پر مبنی ہے تمہارے پاس لگائے گئے الزامات کے ساتھ میرا کوئی تعلق نہیں میں تو کتاب و سنت کا داعی ہوں اور اسی کی دعوت و تبلیغ کرنے والا ہوں۔ جب حاکم حجاز نے سنا تو تمام الزامات سے آپ کو باعزت و تکریم بری کر دیا۔ آپ عقیدہ صحیحہ کے حامل ہونے کے ساتھ بے خوف ولی کامل بھی تھے کیونکہ ولی وہ ہوتا ہے جس کو خوف و حزن دامن گیر نہیں ہوتا۔ ارشادِ باری تعالیٰ ہے:

﴿اَلا اِنَّ اَولِیاءَ اللّٰہِ لا خَوفٌ عَلَیہِم وَلا ہُم یَحزَنونَ - ۶۲﴾... سورۃ یونس

☆ ایک رات حضرت میاں صاحب عشاء کی نماز ادا کرنے کیلئے گھر سے نکلے تو رستہ میں تلوار سے مسلح ایک شخص ملا جو قتل کرنا چاہتا تھا، میاں صاحب نے فرمایا کہ میرا تعلق

بنی فاطمہ سے ہے تو مجھے قتل نہیں کر سکتا۔ جب یہ الفاظ اسکے کانوں پر پڑے تو اس پر اس قدر لرزہ طاری ہوا کہ اسکے ہاتھ سے تلوار گر پڑی حتیٰ کہ وہ شخص پیٹ درد میں مبتلا ہوا۔ گھر پہنچا تو سارا واقعہ گھر والوں کو سنایا اور اسی رات شدتِ درد و مرض میں انتقال کر گیا۔ اس واقعہ نے یہ بھی ثابت کیا کہ ربّ کائنات کس طرح خدامِ حدیث کی حفاظت فرماتا ہے۔

☆ مخالفین نے تو یہاں تک کہا کہ حضرت میاں صاحب نے حضرت شاہ محمد اسحق محدث دہلوی سے پڑھا ہی نہیں، اس بارے میں علامہ سید سلمان ندوی ناظم ندوۃ العلماء، لکھنو نے اپنی تالیف 'حیاتِ شبلی' میں لکھا ہے کہ

میں نے نواب صدیق حسن خان قنوجی کے مسودات میں پڑھا ہے کہ حضرت میاں صاحب نے ۱۲۴۶ھ میں حضرت شاہ صاحب سے صحیح بخاری، صحیح مسلم حرف بحرف پڑھی جبکہ مولوی محمد گل کابلی، مولوی عبد اللہ سندھی، مولوی نور اللہ سردانی اور حافظ محمد فاضل سورتی آپ کے ساتھ تھے اور ہدایہ و جامع الصغیر پڑھی تو مولانا بہاء الدین دکنی، قاضی محفوظ اللہ پانی پتی، نواب قطب الدین خاں دہلوی اور قاری اکرام اللہ وغیرہ ساتھی تھے۔ کنز العمال اکیلے میں نے پڑھی۔ سنن ابی داود، سنن ابی ماجہ، سنن نسائی، جامع ترمذی اور موطأ امام مالک مکمل پڑھی اور شیخ الآفاق حضرت شاہ محمد اسحق محدث دہلوی سے سندِ اجازہ بھی حاصل کی۔ (۲۳)

اہل علم و فن و اہل فکر و نظر پر الزامات لگا کر اپنا قد اونچا کرنے والے قوم کے رہبروں کے بارے میں کسی عربی شاعر نے کہا:

إذا کان الغراب دلیل قوم
سیہدیہم طریق الہالکینا

**طہارت و عبادت**

حضرت میاں صاحب محدث دہلوی ہمہ وقت باوضو رہتے بلکہ شب زندہ دار تھے۔ رات کو تہجد پڑھنا آپ کا معمول تھا۔ آپ رات کا دوسرا حصہ عبادت میں مشغول رہتے پھر فجر کی نماز سے پہلے قبلہ کی طرف بیٹھ کر وِرد و وظائف میں مشغول ہو جاتے اور نمازِ فجر ادا کرنے کے بعد درسِ قرآن مجید دینا بھی آپ کا معمول تھا۔ درسِ قرآن کے بعد تدریس کا سلسلہ شروع ہوتا جو دن کے گیارہ بجے تک جاری رہتا، نمازِ ظہر کی ادائیگی کے بعد دوبارہ تدریس حدیث کا سلسلہ شروع ہوتا جو مغرب کی نماز تک جاری رہتا۔ نماز میں خشوع و خضوع و بکاء اس قدر ہوتا کہ آپ دنیا و مافیہا سے بے خبر ہو جاتے۔ جس طرح حضور نبی کریم صلی اللہ علیہ وسلم نے فرمایا:

« ان تعبد اللہ کانک تراہ فإن لم تراہ فإنہ یراک »

(الحدیث) یہ معمولات آپ کے عام دنوں کے تھے۔ رمضان المبارک میں تو عبادات میں اور بھی اضافہ کر دیتے۔ عبادات کے ساتھ صدقہ و خیرات میں بھی ید طولیٰ رکھتے تھے۔ غربا کو کھانا کھلانا اور نادار طلبہ کو کتابیں خرید کر دینے میں آپ کا ثانی نہیں تھا۔ یہ رتبہ بلند ملا جس کو مل گیا

**سانحۂ ارتحال:**

محدث العصر، استاذ العلما، شیخ الکل فی الکل میاں محمد نذیر حسین دہلوی نے ۱۰/ رجب ۱۳۲۰ھ، ۱۳/ اکتوبر ۱۹۰۲ء کو نمازِ مغرب کے بعد دارِ فانی کا سفر اختیار کیا اور ان کے جسدِ عنصری کو شیدی پورہ قبرستان دہلی میں سپرد خاک کیا گیا۔ (۲۵)

حضرت میاں صاحب کی وفات کو عیسوی تقویم کے لحاظ سے پورے ۱۰۰ سال گزر چکے ہیں۔

**حوالہ جات:**


۱۔ مولانا عبدالحیٔ لکھنوی، نزہۃ الخواطر، ص۸/۴۹۸... مولانا محمد اشرف سندھو، البشری بسعادۃ الدارین بلوکی

۲۔ مولانا ابو یحییٰ امام خاں نوشہری، تراجم علماء حدیث ہند، مکتبہ اہلحدیث کراچی

۳۔ مولانا عبدالجبار فریوائی، جمہود المخلصۃ، ص ۸۰ ۴۔ میاں نذیر حسین دہلوی، معیار الحق، ص ۴۴۶

۵۔ محمد عزیز سلفی، حیات شمس الحق و اعمالہ، ص۲۴۶ ۶۔ سید عبداللہ غزنوی، ص ۱۳۴

۷۔ محدث دہلوی، معیار الحق، ص ۴۵ ۸۔ مولانا نوشہروی، تراجم علماء حدیث ہند، ص ۱۰۱، کراچی

۹۔ محدث دہلوی، معیار الحق، ص۴۴۳ ۱۰۔ شیخ محمد اکرام، موج کوثر، ص ۶۹، ثقافت اسلامیہ، لاہور

۱۱۔ مولانا محمد ابراہیم خلیل، فیوض المحمدیہ، مکتبہ عزیزیہ حجرہ شاہ مقیم

۱۲۔ مولانا عبدالحیٔ لکھنوی، نزہۃ الخواطر، ص ۱۸۱، کراچی

۱۳۔ ڈاکٹر عبدالغفور راشد، ہفت روزہ 'الاعتصام'، لاہور ۱۴۔ مولانا لکھنوی، نزہۃ الخواطر، ص۸/۴۲۹، کراچی

۱۵۔ مولانا نوشہروی، تراجم علماء حدیث ہند، ۴۵۵، کراچی ۱۷۔ مولانا لکھوی، نزہۃ الخواطر، ص۸/۴، کراچی

۱۶۔ مولانا منیر احمد سلفی، حافظ عبدالمنان وزیر آبادی، حیات وخدمات، ص ۸۴، فاران اکیڈمی لاہور

۱۸۔ڈاکٹر ظہور احمد اظہر، دیوان القاضی طلا محمد البشاوری، ص۱٦، مجمع العربی لاہور
۱۹۔ مولانا عبد الحیؒ لکھنوی، نزھۃ الخواطر، ص۸/۲۱۸، کراچی ۲۰۔ مولانا عبد الحیؒ لکھنوی، نفس المصدر، ص۸/۲۱۷، کراچی
۲۱۔ڈاکٹر عبد الغفور راشد، اہلحدیث منزل بہ منزل، ص ٦۰،لاہور ۲۲۔ حضرت محدث دہلوی، معیار الحق، ص۴۵۱، مکتبہ نذیریہ لاہور
۲۳۔ سید سلمان ندوی، حیاتِ شبلی، ص۱/۲٦ ۲۴۔ القرآن الکریم ۲۵۔ سید میاں نذیر حسین، معیار الحق، مکتبہ نذیریہ، لاہور

***

## ۲

# مولانا ابو القاسم سیف بنارسیؒ اور ان کی تصنفات

## عبدالرشید عراقی

چودھویں صدی کی ممتاز ترین شخصیتوں پر اگر نظر ڈالی جائے تو اس میں ایک اہم اور ممتاز شخصیت مولانا ابو القاسم سیف بنارسی کی نظر آتی ہے۔ آپ ایک بلند پایہ عالم، مناظر، محقق، مبلغ اور مصنف تھے۔ آپ نے پورے بر صغیر (پاک وہند) میں اپنے علمی تبحر سے شہرت حاصل کی۔ آپ ایک کامیاب مقرر اور مبلغ تھے۔ ہر حلقہ ادب میں آپ کا نام عزت واحترام سے لیا جاتا تھا۔ ان کے علم وفضل کا اعتراف مسلمان علمائے کرام تو کرتے ہی تھے۔ مگر غیر مسلم اسکالر اور دانشور بھی ان کی علمیت و قابلیت کا اعتراف کرتے تھے۔ تقریر وخطابت اور مناظرہ میں آپ کو خداداد ملکہ حاصل تھا۔ پیچیدہ سے پیچیدہ مسائل کا حل نہایت زود فہم اور آسان طریقہ پر نکال لیتے تھے۔ علوم عقلیہ ونقلیہ اور جملہ علوم اسلامیہ میں کافی دسترس تھی۔

تاریخ اہل حدیث کا ایک معتمد بہ حصہ آپ کی ملی وعلمی خدمات کا رہین منت ہے۔ آپ کی خدمات امت مسلمہ میں منفرد و ممیز ہیں۔ آپ اپنے وقت کے کامیاب مصلح، برجستہ و قادر الکلام مناظر ہونے کے علاوہ قوم وملت کے ہمدرد خادم، مخلص و متہم بالشان اوصاف حمیدہ کے مالک اور سچے مسلمان تھے۔ نیک طبیعت اور نیک کردار

تھے۔ آپ کی دینی سرگرمیاں اس حدیث نبوی:

عن ابي سعيد الخدري رضي الله عنه قال: سمعت رسول الله صلى الله عليه وسلم يقول:
(من رای منکم منکرا فلیغیرہ بیدہ، فإن لم یستطع فبلسانہ، فإن لم یستطع فبقلبہ، وذلک اضعف الإیمان) رواہ مسلم)

کی مصداق تھیں۔ آپ نے اپنی زبان و قلم سے محدثات، بدعات اور کفر وارتداد کے ساتھ وہ معرکہ آرائی کی کہ حق ادا کر دیا۔

ادیان باطلہ، قادیانیت، آریہ، عیسائی، بہائی، نیچری وغیرہ وکو اتنا نیچا دکھایا کہ آج تک انہیں اسلام اور پیغمبر اسلام پر زبان دراز کرنے کی جرات نہ ہو سکی۔

اہل حدیث علماء میں مولانا ثناء اللہ امرتسری، مولانا ابوالقاسم سیف بنارسی، اور مولانا محمد ابراہیم سیالکوٹی کے مواعظ اور تقریریں بہت پسند کی جاتی تھیں۔ یہ تینوں علمائے کرام فن مناظرہ کے امام تھے اور قادیانیوں، آریوں، عیسائیوں، شیعوں، منکرین حدیث، اور مقلدین احناف سے مناظرے کرتے تھے۔ ان تینوں علماء کرام میں سے کوئی ایک بھی کسی شہر میں تشریف لے جاتا تو مسلمان اس کی تقریر سننے کے لئے بے چین ہو جاتے۔

قوت تقریر، پُرزور استدلال اور مناظرانہ گرفت میں مولانا سیف بنارسی کو ایک خاص مہارت حاصل تھی۔ آپ کو فن مناظرہ و بحث استدلال میں ید طولیٰ حاصل تھا۔

مولانا ابوالقاسم سیف بنارسی، مولانا محمد سعید محدث بنارسی (م ۱۳۲۲ھ / ۱۹۰۴ء) کے سب سے بڑے لڑکے تھے۔ مولانا محمد سعید کنجاہ ضلع گجرات کے رہنے والے تھے۔ اور کھتری خاندان سے تعلق تھا۔ آپ کا اسم سابق مول سنگھ تھا اور والد کا نام کھڑک سنگھ تھا۔ مولانا محمد سعید (مول سنگھ) مولانا شیخ عبید اللہ نو مسلم صاحبِ "تحفۃ

الہند" کی تحریک سے مسلمان ہوئے۔ پہلے دیوبند میں تعلیم حاصل کی۔ بعد ازاں دہلی جاکر شیخ الکل مولانا سید نزیر حسین دہلوی (م ۱۳۳۰ھ) سے تفسیر وحدیث پڑھی اور سند حاصل کی۔

تکمیل کے بعد مولانا حافظ محمد ابراہیم آروی (م ۱۳۲۲ھ) کے مدرسہ احمدیہ آرہ میں تدریس فرمائی۔ وہاں سے بنارس تشریف لائے۔ اور مدرسہ سعیدیہ کی بنیاد رکھی۔ اس میں مدتوں درس وتدریس کا سلسلہ جاری رکھا۔ اشاعت تبلیغ دین کے لیے ایک پریس "سعید المطابع" کے نام سے قائم کیا۔ اس مطبع نے توحید وسنت کی حمایت میں لاکھوں ورق شائع کیے۔ مولانا محمد سعید نے ۱۸ رمضان ۱۳۲۲ھ / ۲۷ نومبر ۱۹۰۴ء کو بنارس میں انتقال کیا۔

مولانا ابو القاسم کا نام "محمد" ہے۔ تاریخی نام محمد ف فاضل قادر، تھا۔ یکم شوال ۱۳۰۷ھ کو بنارس میں پیدا ہوئے۔ سات سال کی عمر میں قرآن مجید حفظ کیا۔ بعد ازاں آپ نے اپنے والد مولانا محمد سعید بنارسی، مولانا سید عبد الکبیر بہاری، مولانا سید نزیر الدین احمد بنارسی، مولانا حکیم عبد المجید بنارسی، مولانا شمس الحق عظیم آبادی، علامہ شیخ حسین بن محسن انصاری، مولانا شیخ عبد المنان وزیر آبادی اور شیخ الکل مولانا سید محمد نزیر حسین دہلوی سے جملہ علوم اسلامیہ یعنی تفسیر، حدیث، فقہ، اصول فقہ میں تعلیم حاصل کی، اور ۱۶ سال کی عمر میں فارغ ہو کر خود صاحب درس وتدریس ہو گئے۔

مولانا ابو القاسم بنارسی نے درس وتدریس کا سلسلہ اپنے والد کے قائم کردہ مدرسہ سعیدیہ سے کیا۔ آپ نے ابتداء ہی سے بخاری ومسلم پڑھانا شروع کی۔ اور اپنی زندگی میں تقریباً ۳۰ مرتبہ آپ آپ نے بخاری ومسلم کا درس دیا۔

حدیث سے آپ کو خاص شغف تھا۔ حدیث کی مدافعت اور نصرت میں آپ کی

ساری زندگی بسر ہوئی۔ حدیث پر معمولی سی مداہنت بھی آپ برداشت نہیں کرتے تھے۔ پٹنہ کے ڈاکٹر عمر کریم جو ایک غالی حنفی تھے، انہوں نے امام بخاری رحمۃ اللہ علیہ اور ان کی مایہ ناز کتاب "الجامع الصحیح البخاری" پر تنقید کا سلسلہ شروع کیا۔ اور سب سے پہلے "الجرح علی البخاری" کے نام سے ایک کتاب لکھی۔ بعد میں بھی تقریباً چھ سات اور کتابیں لکھیں۔ اور یہ سب کتابیں امام بخاری رحمۃ اللہ علیہ اور ان کی کتاب الجامع الصحیح البخاری پر تنقید تھیں۔ مولانا ابو القاسم بنارسی نے ان سب کتابوں کا دندان شکن جواب دیا۔

مولانا ابو القاسم بنارسی نے برصغیر میں جماعت اہل حدیث کی ترقی و ترویج میں ایک نمایاں کردار ادا کیا۔ آپ کے والد مولانا محمد سعید نے بنارس کو اپنا مسکن بنایا اور آپ کی سعی و کوشش سے پورے برصغیر میں جماعت اہل حدیث کو ایک گونہ تقویت حاصل ہوئی اور آج بھی بنارس جماعت اہل حدیث کا مرکز ہے۔ الجامعۃ السلفیۃ کے نام سے ایک بہت بڑا مدرسہ بنارس میں توحید و سنت کی اشاعت میں مصروف عمل ہے۔ اس کا اشاعتی ادارہ "مرکز تصنیف و تالیف" آج تک سینکڑوں کتابیں شائع کر چکا ہے۔ عربی اور اردو میں دو رسالے ماہوار شائع ہوتے ہیں اور یہ سب کچھ مولانا ابو القاسم بنارسی اور ان کے خاندان کا صدقہ ہے۔

مولانا ابو القاسم سیف بنارسی نے جنوری ۱۹۴۹ء / ۱۳۶۹ھ میں بنارس میں انتقال کیا۔ انا اللہ وانا الیہ راجعون

علمی خدمات:۔

۱۔ جمع القرآن والحدیث (طبع اول: ۱۳۴۴ھ)۔۔۔ اس کتاب میں یہ بتایا گیا ہے کہ قرآن کی یہ موجودہ ترتیب عہد نبوی صلی اللہ علیہ وسلم کی ہی ترتیب ہے۔ اور کتابت

حدیث کا آغاز عہد نبوی صلی اللہ علیہ وسلم ہی میں ہو گیا تھا۔

۲۔ اللُّؤلُؤ وَالمُرجَانُ فی تکلم المراۃ بآیات القرآن (طبع اول:۱۳۲۷ھ)۔۔اس رسالہ میں امام عبداللہ بن مبارک اور ایک صالحہ خاتون رابعہ بصری کا مکالمہ درج ہے۔ امام ابن مبارک کے سوالات کے جوابات اس صالحہ خاتون نے آیات قرآن سے دیے تھے۔

۳۔ قضیۃ الحدیث فی حجیۃ الحدیث (طبع اول:۱۳۲۹ھ)۔ اس کتاب میں احادیث کا مقام قرآن مجید کی روشنی میں واضح کیا گیا ہے۔ اور یہ بھی ثابت کیا گیا ہے کہ جس طرح اللہ تعالیٰ نے قرآن کی حفاظت کا ذمہ لیا ہے۔ اسی طرح احادیث کا بھی ذمہ لیا ہے اور جس طرح قرآن کے احکام واجب العمل ہیں اسی طرح احادیث بھی واجب العمل ہیں۔

۴۔ لولو الشرع فی حدیث ام زرع۔ (طبع اول:۱۳۲۷ھ) اس رسالہ میں حدیث ام زرع کا ترجمہ اور تشریح ہے۔ یہ حدیث صحیح بخاری اور صحیح مسلم اور شمائل ترمذی میں موجود ہے۔

۵۔ حصول المرام۔ اس رسالہ میں طریقہ اذان، وضو، تعمیر مسجد، طریقہ نماز، فرض، وتر، تراویح، جمعہ عیدین، اور نماز سفر و حضر کے متعلق احادیث جمع کی گئی ہیں۔

۶۔ اربعین محمدی۔ اس کتاب میں ۴۰ احادیث معہ ترجمہ و تشریح درج کی ہیں۔

۷۔ کتاب الرد علی ابی حنیفہ (طبع اول :۱۳۳۳ھ) امام ابو بکر بن ابی شیبہ (م ۲۲۵ھ) نے مصنف ابن ابی شیبہ میں ۱۲۵، ایسی احادیث درج کی ہیں کہ امام ابو حنیفہ کے فتاویٰ اور مسائل ان کے خلاف ہیں۔ ان کا اردو ترجمہ اور تشریح کی ہے۔

۸۔ حسن الضاعہ فی صلوۃ التراویح بالجماعۃ (طبع اول :۱۹۴۴ء) اس کتاب میں نماز

تراویح باجماعت کا ثبوت احادیث کی روشنی میں ثابت کیا ہے۔

۹۔ تحریر الطرفین فی صلوۃ التراویح و تکبیر العیدین:(طبع اول:۱۹۰۸ء) یہ رسالہ ایک اشتہار کا جواب ہے۔ جس میں ۲۰ رکعت تراویح کو سنت موکدہ ثابت کیا گیا تھا اور تعداد تکبیرات عیدین ۵ ثابت کیا گیا تھا۔

۱۰۔ ہدایۃ المسائل الی احادیث وائل۔ اس رسالہ میں آمین سے متعلق وائل بن حجر کی احادیث جمع کی ہیں اور امام کے پیچھے آمین بالجہر کہنا متعدد احادیث سے ثابت کیا گیا ہے۔

۱۱۔ نافع الاحناف (طبع اول:۱۳۲۸ھ) اس رسالہ میں روزہ مرہ پیش آنے والے مسائل جمع کیے ہیں۔ جو اہل حدیث اور اہل تقلید کے لئے یکساں مفید ہیں۔

۱۲۔ احسن المسائل

۱۳۔ روزمرہ مسائل ضروریہ

۱۴۔ کسوٹی معیار اسلام

۱۵۔ سوالات از علمائے دین

۱۶۔ السعید (ٹریکٹ نمبر۱) (طبع اول:۱۳۳۰ھ) اس رسالہ میں استعانت بغیر اللہ، نذرونیاز، اور فاتحہ خوانی کی تردید قرآن وحدیث اور اقوال ائمہ سے کی گئی ہے۔

۱۷۔ بارہ سوالات کے جوابات (طبع اول :۱۳۳۰ھ) شیخ کاظم حسین نے السعید (ٹریکٹ نمبر۱) پر اعتراضات کئے، یہ رسالہ اس کا جواب ہے۔

۱۸۔ حکم الحاکم فی کنیۃ ابی القاسم (طبع اول:۱۹۰۷ء) اس رسالہ میں یہ ثابت کیا گیا ہے کہ جس شخص کا نام "محمد" ہو، وہ اپنی کنیت ابو القاسم رکھ سکتا ہے۔ صحیح احادیث سے اس کا جواب پیش کیا گیا ہے۔

۱۹۔الافکار علی اذکار(طبع اول:۱۳۳۲ھ) یہ رسالہ مولوی عبدالحمید پانی پتی کے رسالہ ""اذکار نبویہ" کے جواب میں ہے۔ مولوی عبدالحمید نے رسالہ کانام اذکار نبویہ رکھاہے لیکن اس میں عقائد کو برباد کرنے والے قصے کہانیاں درج کر دیے ہیں۔

۲۰۔ حل مشکلات بخاری(۳جلد)(طبع اول:۱۳۳۰ھ،۱۳۳۳ھ)اس کتاب کا نام لکوثر الجاری فی جواب الجرح علی البخاری" بھی ہے۔ اور یہ کتاب ڈاکٹر عمر کریم پٹنوی کی کتاب الجرح علی البخاری کے جواب میں ہے۔ڈاکٹر عمر کریم نے صحیح البخاری پر بے ہودہ الفاظ میں اعتراضات کئے تھے۔

۲۱۔ الامر المبرم لابطال الکلام المحکم (طبع اول:۱۳۲۹ھ) یہ کتاب بھی ڈاکٹر عمر کریم کی کتاب کا جواب ہے۔ انہوں نے ۱۷۵اعتراضات صحیح بخاری پر کئے تھے۔

۲۲۔ماء حمیم للمولوی عمر کریم (طبع اول: ۱۳۳۲ھ) یہ کتاب بھی ڈاکٹر عمر کریم کے ان اعتراضات کاجواب ہے، جو انہوں نے ۱۱۲اعتراضات صحیح بخاری پر کئے تھے۔

۲۳۔ صراط مستقیم لہدایہ عمر کریم (طبع اول:۱۳۲۷ھ) یہ رسالہ بھی ڈاکٹر عمر کریم کے اعتراضات کاجواب ہے، جو انہوں نے صحیح بخاری پر ایک اشتہار کی صورت میں کئے تھے۔

۲۴۔الریح العقیم لحسم بناء عمر کریم (طبع اول:۱۳۲۸ھ) یہ کتاب بھی ڈاکٹر عمر کریم کے ایک رسالہ کے جواب میں ہے۔ جو انہوں نے ۱۵۹اعتراضات صحیح بخاری پر کئے ہیں۔

۲۵۔ الخزی العظیم للمولوی عمر کریم (طبع اول:۱۳۲۸ھ) یہ رسالہ بھی ڈاکٹر عمر کریم کے ایک اشتہار کے جواب میں ہے، جو انہوں نے ۱۱۰اعتراضات صحیح بخاری پر کئے تھے۔

۲۶۔ العرجون القدیم فی افشاء ہفوات عمر کریم (طبع اول:۱۳۲۶ھ) یہ کتاب بھی

ڈاکٹر عمر کریم کے ایک اشتہار کے جواب میں ہے، جو انہوں نے صحیح بخاری پر کیے تھے۔ اس اشتہار میں ڈاکٹر عمر کریم نے بہت زیادہ ہرزہ سرائی کی تھی۔

۲۷۔ الجرح علی ابی حنیفہ (طبع اول: ۱۹۱۲ھ) یہ کتاب امام ابو حنیفہ کے سوانح حیات پر مشتمل ہے۔ اس میں ۱۱۰ جلیل القدر محدثین کرام وائمہ جرح وتعدیل کے نام درج کئے گئے ہیں۔ جنھوں نے امام ابو حنیفہ اور امام ابو یوسف کی تضعیف کی ہے۔ مولانا بنارسی نے مستند کتابوں کے حوالے نقل کیے ہیں۔

۲۸۔ السیر الحثیث فی براۃ اہل الحدیث

۲۹۔ دفع بہتان عظیم

۳۰۔ قشف المشر فی رد کشف السر (طبع اول: ۱۳۳۰ھ) یہ رسالہ مولوی عبد الحمید پانی پتی کے رسالہ "کشف السر المکنون باثبات علم ماکان ومایکون لصاحب العجون" کے جواب میں ہے پانی پتی صاحب نے آنحضرت صلی اللہ علیہ وسلم کو عالم الغیب ثابت کیا ہے۔

۳۱۔ رمی الجمرتین علی شاک کلمۃ الشہادتین (۲ جلد) طبع اول: ۱۳۲۶ھ۔ یہ کتاب مولوی عبد الستار قادری کی اس کتاب کی تردید میں لکھی گئی۔ جس میں انہوں نے لکھا تھا کہ لا الٰہ الا اللہ محمد رسول اللہ کہنا شرک ہے کیونکہ یہ کلمہ اجتماعی طور پر قرآن وحدیث میں یکجا نہیں ہے۔

۳۲۔ جمع الرسالتین فی النھی عن قراءۃ الفاتحۃ علی القبور والاطمعۃ برفع الیدین مع الضمتین الکریمتین (طبع اول: ۱۳۴۴ھ) اس کتاب میں کھانا سامنے رکھ کر اور قبر پر دونوں ہاتھ اٹھا کر سورۃ فاتحہ کی بدعت کا قلع قمع کیا گیا ہے اور اس کے ساتھ اس کتاب کے آخر میں عہد نبوی صلی اللہ علیہ وسلم وصحابہ رضوان اللہ عنھم اجمعین میں جمع

حدیث کا ثبوت فراہم کیا گیا ہے۔

۳۳۔ ایضاح المنج لموقف اقامۃ الج (طبع اول : ۱۳۳۲ھ) یہ رسالہ ایک بدعتی مولوی کے رسالہ کے جواب میں لکھا گیا ہے جنھوں نے کئی قسم کی بدعات کو داخل دین کرنے کی کوشش کی۔

۳۴۔ صحور المنجنیق علی صاحب الحق الحقیق (طبع اول: ۱۳۳۱ھ) یہ کتاب مولوی عبدالحمید پانی پتی کے رسالہ " الحق الحقیق بالقبول عن رزق اعظم الولی الرسول" کے جواب میں لکھی گئی۔ کتاب کا موضوع بدعت کی تردید وغیرہ ہے۔

۳۵۔ البرزج روالانموزج (طبع اول: ۱۳۳۲ھ) یہ رسالہ ایک اشتہار کے جواب میں ہے، جو امام بخاری رحمۃ اللہ علیہ اور کعبہ کے طواف کے بارے میں عبد اللطیف نامی ایک شخص نے شائع کیا تھا۔

۳۶۔ علاج در ماندہ سر کیفیت مباحثہ ٹانڈہ (طبع اول : ۱۳۳۱ھ) یہ کتاب ایک تحریری مناظرہ کی روداد ہے، جو مولانا ابو القاسم سیف بنارسی اور مولوی فاخر حنفی الہ آبادی کے مابین جمادی الثانی ۱۳۱ھ ٹانڈہ ضلع فیض آباد میں ہوا تھا۔ مناظرہ کا موضوع "عقائد شرکیہ" تھا۔

۳۷۔ شرعی باز پرس در فتویٰ جواز عرس (طبع اول: ۱۳۳۰ھ) یہ رسالہ فتویٰ جواز عرس کی تردید میں ہے۔

۳۸۔ اصول الشدید علی مصنف القول السدی د (طبع اول: ۱۳۳۱ھ) یہ رسالہ "القول السدید" مصنفہ ابو المنظور قادری کے جواب میں لکھا گیا۔ قادری صاحب نے القول السدید جواب عرس کی تائید میں شائع کیا تھا۔

۳۹۔ التبدید لما فی المتہدید (طبع اول: ۱۳۳۲) الصول الشدید کے جواب میں

مولوی حبیب الرحمان بدیوانی نے "التہدید" کے نام سے ایک رسالہ لکھا۔ مولانا بنارسی مرحوم نے اس کے جواب "التبدید" کے نام سے دیا۔

۴۰۔ ذکر اہل الذکر (طبع اول:۱۳۲۶ھ) اس رسالہ میں آیت ﴿... فَاسْأَلُوا أَهْلَ الذِّكْرِ إِن كُنتُمْ لَا تَعْلَمُونَ ﴿۴۳﴾... النحل کی تفسیر بیان کی گئی ہے۔ اور اس کے ساتھ یہ بھی بتایا ہے کہ اہل الذکر کون لوگ ہیں۔

۴۱۔ التنقید فی رد التقلید (طبع اول:۱۳۲۵ھ) یہ کتاب شیخ حبیب اللہ ندوی کی کتاب "التقلید" کا جواب ہے۔ جس میں انہوں نے تقلید شخصی کو ثابت کرنے کے ساتھ علمائے اہل حدیث کو بھی تنقید کا نشانہ بنایا ہے۔

۴۲۔ تحفۃ الصبور علی منحۃ الغفور (طبع اول:۱۳۳۲ھ) یہ رسالہ مولوی عبدالحمید بنارسی کے رسالہ "منحۃ الغفور" کا جواب ہے، جس میں مولانا سیف بنارسی نے ان بدعات کی تردید کی ہے، جو ماہ محرم، صفر اور ماہ رجب میں ہوتی ہیں۔

۴۳۔ تبصرہ (طبع اول:۱۹۴۴ء) یہ مولانا سیف بنارسی کا خطبۂ صدارت ہے، جو آپ نے آل انڈیا اہل حدیث کانفرنس کے اجلاس منعقدہ ضلع الہ آباد ۲۶ تا ۲۸ ربیع الاول ۱۳۶۲ھ میں پڑھا تھا۔

۴۴۔ جمع المسائل والعقائد (طبع اول:۱۹۳۲ء) اس کتاب میں تقلیدیوں کے ۷۵ قابل دید مسائل جمع کئے گئے ہیں۔

۴۵۔ الزہر الباسم فی الرخصہ فی الجمع بین محمد وابی القاسم (طبع اول:۱۳۳۱ھ) یہ کتاب حکیم ابو تراب محمد عبدالحق امر تسری کے رسالہ کے جواب میں ہے، جو انہوں نے ابو القاسم بنارسی رکھنے پر کئے تھے۔ جواب احادیث صحیحہ اور اقوال صحابہ وتابعین وتبع تابعین سے معہ حوالہ درج کئے ہیں۔

۴۶۔ تنقید المیعاد (طبع اول: ۱۹۲۴ء) یہ رسالہ ایک تقلیدی مصنف کی کتاب کے جواب میں ہے، جو انھوں نے مولانا شاہ اسماعیل شہید اور مولانا محمد سعید محدث بنارسی پر کئے تھے۔

۴۷۔ اجتلاب المنفعۃ لمن یطالع احوال الائمہ الاربعۃ (طبع اول: ۱۳۲۹ء) اس کتاب میں ائمہ اربعہ امام ابو حنیفہ، امام مالک، امام شافعی، امام احمد رحمۃ اللہ علیہ کے حالات تحقیق سے قلمبند کئے ہیں۔

۴۸۔ تذکرۃ العید یا سوشل لائف (طبع اول: ۱۹۱۰ء) یہ رسالہ مولانا محمد سعید بنارسی کے حالات اور ان کی علمی خدمات پر مکالمے کی صورت میں تحریر کیا گیا ہے۔ مولانا محمد سعید محدث بنارسی، مولانا ابو القاسم سیف بنارسی کے والد محترم تھے۔

۴۹۔ سفر نامہ بیت اللہ (طبع اول: ۱۳۱ھ) یہ مولانا سیف بنارسی کا سفر نامہ حج ہے اس میں حرمین شریفین کے حالات، حج کے اسرار و مقاصد، قربانی کے مسائل، مسجد نبوی کے حالات اور اس کے ساتھ ارکان حج کی دعائیں بھی درج کی گئی ہیں۔

۵۰۔ زبان عرب

۵۱۔ عمدۃ التحریر فی جواب المنیر وصاحب التفسیر (عربی) (طبع اول: ۱۳۲۹ھ) اس کتاب میں آپ نے ثابت کیا ہے کہ "ابو ہریرۃ" منصرف ہے۔

۵۲۔ احسن التقریر فی جواب المنیر (عربی) طبع اول: ۱۳۲۹ھ۔ اس رسالہ میں بھی ابو ہریرۃ رضی اللہ تعالیٰ عنہ کے منصرف ہونے پر بحث کی گئی ہے۔

۵۴۔ میعار نبوت (طبع اول: ۱۳۵۲ھ) اس رسالہ میں نبوت کی تعریف کی ہے۔ اور مرزا قادیانی کی تردید بھی ہے۔

۵۵۔ لیکچر (طبع اول: ۱۹۱۱ء) یہ رسالہ مولانا سیف بنارسی کا یا ایک لیکچر ہے، جو

آپ نے ۱۲ دسمبر ۱۹۱۱ء کو انجمن تائید السلام کے اجلاس منعقدہ بنارس میں پڑھا تھا۔

۵۶۔ اظہار حقیقت (طبع اول: ۱۹۳۲ء) یہ رسالہ مرزا قادیانی کے مسیح موعود، مہدی اور نبی و رسول ہونے کی تردید کی ہے۔

۵۷۔ رد مرزائیت (طبع اول: ۱۳۵۲ھ) اس رسالہ میں ختم نبوت پر مفصل بحث کی ہے۔

۵۸۔ قضاء ربانی بر دعا قادیانی۔ (فیصلہ الٰہی) اس رسالہ میں قادیانی اشتہار (مولانا ثناء اللہ امرتسری کے ساتھ آخری فیصلہ) پر بحث کی گئی ہے اور قادیانی، لاہوری، تحریروں کا مفصل جواب دیا گیا ہے۔

۵۹۔ مولوی غلام احمد قادیانی کے بعض جوابات پر ایک نظر (طبع اول: ۱۳۲۵ھ) ایک قادیانی مولوی نے آنحضرت صلی اللہ علیہ وسلم کی ختم نبوت پر ایک مضمون شائع کیا۔ یہ کتاب اس مضمون کے جواب میں ہے۔

۶۰۔ جواب دعوت (طبع اول: ۱۳۲۵ھ) یہ رسالہ ایک قادیانی "دعوۃ الی الحق" کا جواب ہے اس میں نزول عیسیٰ علیہ السلام، اخت ہارون پر مفصل بحث کی گئی ہے۔

۶۱۔ نور اسلام بجواب ظہور اسلام (طبع اول: ۱۹۴۳ء) یہ کتاب قادیانی کی کتاب ظہور اسلام کا جواب ہے۔ اس میں حضرت عیسیٰ علیہ السلام کے بارے میں قادیانی علماء کی تحریروں کا رد کیا گیا ہے۔

۶۲۔ دفع امام از ظہور امام (طبع اول: ۱۹۳۴ء) یہ کتاب بھی قادیانی رسالہ ظہور امام کی تردید کی ہے۔ اور اس کا موضوع میں حضرت عیسی علیہ السلام ہے۔

۶۳۔ سواء الطریق (طبع اول: ۱۹۴۳ء) یہ رسالہ مولانا سیف بنارسی کا خطبہ صدارت ہے جو آپ نے ۱۲ اپریل ۱۹۴۳ء کو آل انڈیا اہل حدیث کانفرنس کے اجلاس

میں پڑھا تھا۔

۶۴۔ ایضاح الطریق لصاحب التحقیق (طبع اول: ۱۹۶۳ء) یہ رسالہ مولوی حبیب الرحمان اعظمی کے رسالہ "تحقیق الحدیث" کے جواب میں ہے۔

۶۵۔ تعلیم اسلام (طبع اول: ۱۹۲۴ء) اس کتاب میں قرآن مجید کی صداقت اور اسلام کی حقانیت کو ثابت کیا گیا ہے۔

۶۶۔ الجوائز (طبع اول: ۱۹۲۰ء) اس کتاب کا اشتہار اہل حدیث امر تسر ۱۹ اگست ۱۹۳۰ء میں شائع ہوا۔

مولانا ابو القاسم سیف بنارسی نے ۶۶ کے قریب چھوٹی بڑی کتابیں لکھی ہیں۔ آپ نے تقریباً علوم الاسلامیہ کے ہر موضوع پر قلم اٹھایا۔ قرآن وحدیث کی حمایت میں بھی آپ نے کتابیں لکھیں۔

فرق ہائے باطلہ کی تردید میں بھی آپ نے کئی رسائل لکھے۔ کتاب وسنت کی تائید اور شرک وبدعت کی تردید میں بھی آپ نے کئی کتابیں لکھیں اور مسلک اہل حدیث کی حمایت میں بھی آپ نے کئی رسائل لکھے۔

***

## ۳

# مولانا ابو الکلام آزادؔ کا دینی سفر

## ابو سلمان شاہ جہاں پوری

مولانا ابو الکلام آزادؔ بہت ذہین تھے اور حسّاس بھی! ابھی صرف ۱۴، ۱۵ برس کی عمر تھی، نئی نئی اور مختلف مضامین کی کتابیں پڑھتے تھے اور اسی تیزی کے ساتھ ذہن اور خیالات پر اس کے اثرات بھی ہوتے تھے۔ اسی طرح ذہانت اور گھر پر اساتذہ کی تعلیم کا اثر ہوتا تھا۔ سوسائٹی کے نظّارے، چہل پہل، طرح طرح کے رنگ روپ پر سرسری نظر بھی، بدلتے ہوئے موسموں کی طرح چھپ کر ذہن وذوق اور عادات پر اثر ڈالتی تھی اور گھر میں گزرتے اور بدلتے ہوئے حالات ذہن ودماغ اور جسم وجان پر اثر انداز ہوتے تھے۔ موصوف آزادؔ چونکہ ماں باپ اور بھائی بہنوں میں سب سے چھوٹے ہونے کے ساتھ سب سے زیادہ حسّاس بھی تھے، اس لیے گھر کے صبح وشام کے حالات سے بہت متاثر ہوتے تھے۔ اگرچہ گھر کے لوگ سب سے زیادہ اُنہیں کا خیال رکھتے تھے اور سب سے زیادہ غیر مطمئن بھی وہی رہتے تھے۔

والدہ کے انتقال کے بعد اگرچہ گھر کی زندگی کے معمولات اور سونے جاگنے، اُٹھنے بیٹھنے، کھانے پینے، اسباق وغیرہ کا نظام وہی تھا لیکن گھر کی دنیا بدل گئی تھی۔ گھر کا ماحول اور زندگی کا وہ لطف نہیں رہا تھا جو بدلتے ہوئے موسموں کی طرح گھر کی زندگی کا خاصہ ہوتا

تھا۔ اب گھر کی زندگی پر ایک سناٹا چھایا ہوا تھا، اور کبھی کبھی اور کسی وقت فضا میں ایک بلند آواز گونجتی تھی اور سناٹا چھا جاتا تھا۔ مولانا آزادؔ نے 'ماں سے خالی گھر' کے عنوان سے مختصر پارہ لکھا ہے، اگرچہ حالت پوری کتاب میں پھیلی ہونی چاہیے تھی اور زندگی بھر اس کا راگ ہونا چاہیے تھا، اس لیے کہ ابو الکلام کی ابھی عمر ہی کتنی تھی اور ماں کی محبت کے حظ ہی کہاں اُٹھا پائے تھے کہ وہ ماں کو بھول جاتے۔ لیکن اُنہوں نے نہایت قوتِ برداشت سے ماں کی محبت کو دل میں چھپا لیا تھا۔ اس کا اندازہ اس سے کیا جا سکتا ہے کہ مضمون کا آغاز ماں کی یاد اور اس کی محبت سے نہیں، باپ کی ہیبت سے ہوتا ہے۔ مولانا فرماتے ہیں:

"والد مرحوم کی ہیبت اُن کی شفقت پر غالب تھی۔ مجموعی طور پر ان کی زندگی چوں کہ بزرگی، عظمت اور عوام پر اثر سے مرکب تھی اور گھر ماں سے خالی تھا، اس لیے قدرتی طور پر ہم لوگوں کو گھر میں بھی اُن کا وہی اثر غالب نظر آتا تھا اور قلب اس قدر مرعوب ہو گیا تھا کہ ان کی آواز سے ہم لوگ کانپا کرتے تھے۔"

والدہ کے انتقال سے پہلے گھر کے اندر جو آداب اور تہذیب پیدا ہوئی تھی، اس کا کوئی نشان باقی نہ رہا تھا۔ مولانا آزادؔ کے والدِ گرامی کے مزاج کی سختی اور دلوں پر اُن کی ہیبت ہی کیا کم تھی کہ والد کے بعض اَطوار سے سخت نالاں تھے، جن سے حضرت ولی اللٰہی خانوادۂ علمی و دینی اور ان کے اپنے اساتذہ کے سلسلے کے علما بھی اخلاق و تہذیب کے تعلق سے بہت دور و نفور تھے۔ لیکن قدرت نے ان کے چشم و چراغ مولانا ابو الکلام آزاد جن کے ہاتھ میں قلم دیا تھا، وہ اُن سے سخت نالاں تھے۔ اُنہوں نے اپنے والد کے عقیدہ و عمل کے مشاہدے ہی پر نہیں، ان کے اخلاق و دیانت پر بھی گواہی دی ہے۔ یہ ایک عالم دین، صوفی، صاحبِ طریقت اور پیر و مرشد پر خود اُس کے بیٹے کی گواہی ہے اور مسئلہ اختلافِ دین ہی کا نہیں، جھوٹ اور فریب کا ہے۔ یہ مولانا ابو الکلام آزاد کی عظمت اور استقامت

وعزیمت کی شان ہے۔ یہ بیسویں صدی میں قرنِ اُولیٰ کی مثال ہے کہ بیٹے نے باپ کے خلاف صداقت وحق کی گواہی دی... اس قسم کی مثالیں مضمون کے آنے والے صفحات میں پیش کی جائیں گی۔

مولانا ابوالکلام آزاد ایک دین دار گھرانے اور اس کی دینی، اخلاقی، تہذیبی روایات کو زندہ رکھنے والے بزرگ تھے۔ ان کے اجداد کے بلند پایہ اخلاق اور عزیمتِ دعوت کا مقام تاریخ میں بے مثال ہے اور مولانا ابوالکلام آزاد اپنے مقام، ان کے بزرگوں کے اخلاق، ان کی عزیمت اور دین کی بے پناہ محبت میں کسی طرح بھی اپنے اَسلاف سے کم تر درجہ نہیں رکھتے تھے، لیکن یہ بھی ایک حقیقت ہے کہ ابتداءً اپنے مطالعے کے ایک دور میں نہ صرف مذاہبِ عالم کی سچائی سے ناآشنا ہو گئے تھے، بلکہ اسلام کی حقیقت سے بھی گریزاں ہوئے تھے۔ لیکن خاکسار اس تذکرے کو اس زبان اور طرزِ بیان میں نہیں لکھے گا جیسا کہ عام طور پر لوگ اس قسم کے حالات اور مسائل میں استعمال کرتے ہیں۔ مولانا ابوالکلام آزاد کے بارے میں خاکسار اس قسم کی زبان استعمال نہیں کر سکتا۔ خاکسار مولانا آزاد کے ردّ و قبول کو بالکل اُنھیں معانی میں استعمال کرے گا جن معنیٰ و مفہوم میں مولانا نے اُسے استعمال کیا ہو گا۔

مولانا ابوالکلام آزاد ایک موقع پر گمراہیٔ عمل اور تصدیق حقائق کے بارے میں لکھتے ہیں :

"گمراہیٔ عمل کی آخری حد 'فسق' ہے اور گمراہیٔ اعتقاد کی 'الحاد'۔ سو فسق و الحاد کی کوئی قسم ایسی نہ تھی جس سے اپنا نامۂ اعمال خالی رہا ہو، اور 'فسق' خود بھی ایک کامل قسم کا عملی الحاد ہے:

چو پُرسشِ گنہم روزِ حشر خواہد شد تمسکاتِ گناہانِ خلق پارکنند!

قبل اس کے کہ ہم پر شہادت دی جائے، بہتر ہے کہ خود آپ ہی اپنے لیے شاہد بن جائیں :

﴿اقرَاکِت۔بَک کَفیٰ بِنَفسِکَ الیَومَ عَلَیکَ حَسیبًا ﴿۱۴﴾... سورۃ الاِسراء"

اور ہم شہادت دیں یا نہ دیں، خود ہمارا وجود ہی سرتاپا شہادت ہے:

﴿بَلِ الاِنس۔ٰنُ عَلیٰ نَفسِہِ بَصیرَۃٌ ﴿۱۴﴾ وَلَو اَلقیٰ مَعاذیرَہُ ﴿۱۵﴾... سورۃ القیامۃ"

ہاتھ پاؤں کی شہادت پر تعجب کیوں ہو، جب اس دنیا ہی میں دیکھ رہے ہیں کہ اس کا ہر لمحہ یوم الاشہاد کا حکم رکھتا ہے، اور خود ہمارا قرین بغل ہی دم بدم شہادت دے رہا ہے:

﴿لا اُقسِمُ بِیَومِ القِی۔ٰمَۃِ ﴿۱﴾ وَلا اُقسِمُ بِالنَّفسِ اللَّوّامَۃِ ﴿۲﴾... سورۃ القیامۃ

"البتہ ساری ہلاکت اس میں ہے کہ ہنگامۂ غفلت وخود فراموشی میں نفس لوّامہ کی صدائے شہادت بہت کم کانوں تک پہنچتی ہے۔ اور پہنچتی ہے، تو خود ہمارے ہی ہاتھ سرشاری و بدمستی کے نقّاروں پر اس زور سے پڑرہے ہیں کہ اُن کے شور وغل میں یہ سرگوشئ ملامت کب کام دے سکتی ہے! اِلّا یہ کہ

﴿صَیحَۃً و۔ٰحِدَۃً فَاِذا ہُم خ۔ٰمِدونَ ﴿۲۹﴾... سورۃ یٰس"

کی گھڑی سر پر آجائے۔

گوشت از بار در گراں شدہ است نشنوی نالہ وفغانِ مرا!

لیکن دنیا کی ساری سچائیوں اور یقینوں سے بڑھ کر یہ حقیقت ہے کہ

کارسازِ ما بفکرِ کارِ ما فکرِ ما در کارِ ما آزارِ ما!ا

اور توفیق الٰہی کے بارے میں فرماتے ہیں :

"ناگہاں جاذبۂ توفیق الٰہی پردۂ عشق مجاز میں نمودار ہوا، اور ہوس پرستی کی آوارگیوں نے خودبخود شاہراہِ عشق ومحبت تک پہنچادیا۔ آگ لگتی ہے تو رفتہ رفتہ شعلے بھڑکتے

ہیں۔ سیلاب آتا ہے، تو بتدریج پھیلتا ہے۔ یہ تو ایک بجلی تھی جو آناً فاناً نمودار ہوئی، چمکی اور دیکھا تو خاک کا ڈھیر تھا:

می گزشتم ز غم آسودہ کہ ناگہ ز کمیں عالم آشوب نگاہے سرِ راہم بگرفت "۲

"اور اس راہ کی نیرنگیوں کا کچھ عجب حال ہے۔ ہر چندہ راہ ایک ہی ہے، لیکن کرشمے بے شمار ہیں۔ اور گو ہوش سب کھوتے ہیں مگر ایک ہی جلوے سے نہیں:

اے ترا باہر دلے رازے دگر! ہر گدا را بر درت نازے دگر!

کوئی پکارتا ہے اور دروازہ نہیں کھلتا۔ کوئی بھاگتا ہے اور اس پر کمند پھینکے جاتے ہیں۔ قانونِ طلب و سعی سے انکار نہیں لیکن اگر وہ بے طلب دینا چاہے، تو اس کا ہاتھ پکڑنے والا کون ہے؟

کارِ زلفِ تست مشک افشانی، امّا عاشقاں مصلحت را تہمتے بر آہوئے چیں بستہ اند!

غرض کہ اپنی غفلت پرستیوں کا تو یہ حال تھا۔ لیکن ادھر کار فرمائے غیب کا فیصلہ کچھ دوسرا ہی ہو چکا تھا۔

بہ دَور کردنِ من از غرور می خندد حریفِ سخت کمانے کہ در کمیں دارم ۳

حضرت مولانا کے اظہار کے بعد کیا رہ گیا ہے کہ قلم کو حرکت دے... البتہ یہ کہہ سکتا ہوں کہ یہ حادثہ کب ہوا تھا اور طوفان کب اُٹھا تھا اور کتنی دیر کے لیے؟ مولانا نے اس طوفان کے دورانیے کے لیے ایک سال پانچ ماہ کی مدت بتائی ہے۔ فرماتے ہیں:

(۱) "الحمد للہ کہ اس منزل کے وقفہ نے بھی زیادہ طول نہ کھینچا۔ ایک سال پانچ ماہ کے اندر اس کوچے کے بھی تمام رسم و راہ ایک ایک کر کے دیکھ ڈالے، کوئی گوشہ، کوئی مقام باقی نہ چھوڑا۔ نہ مجنوں سے ہم عنانی کا سودا ہے، نہ فرہاد سے مقابلے کا دعویٰ۔ نہ یہ کہ

شمہ از داستانِ عشق شور انگیز ماست ایں حکایتہا کہ از فرہاد و شیریں کردہ اند

البتہ یہ ضرور ہے کہ عشق و عاشقی و طریق آشفتگی و جاں سپاری کی جتنی باتیں سننے میں آتیں، وہ سب کر کے دیکھ لیں، اور اس راہ کا کوئی حال و معاملہ ایسا نہیں رہا جو کسی زبان پر ہوا اور اپنے اوپر نہ گزر چکا ہو:

کچھ قمریوں کو یاد ہیں، کچھ بلبلوں کو حفظ عالم میں ٹکڑے ٹکڑے مری داستاں کے ہیں! ۴

اگرچہ اس معاملہ کا خاتمہ بظاہر ناکامی و مایوسی پر ہوا۔ لیکن فی الحقیقت فتح و مراد کی ساری شادمانی اسی ناکامی میں پوشیدہ تھی۔ اسی ناکامی نے بالآخر کامیابی کی راہ کھولی، اسی مایوسی سے اُمید کا دروازہ کھلا۔ جو تاریکی اپنی سیہ بختیوں کی رات نظر آتی تھی، وہی صبح مقصود کے طلعتِ جہانتاب کا نقاب ثابت ہوئی۔ گو قدم بت کدہ کی راہ پر تھے، مگر غبارِ مجاز دور ہوا، تو کعبۂ حقیقت سامنے تھا:

﴿يُخْرِجُ الْحَيَّ مِنَ الْمَيِّتِ وَيُخْرِجُ الْمَيِّتَ مِنَ الْحَيِّ وَيُحْيِ الْأَرْضَ بَعْدَ مَوْتِهَا وَكَذَٰلِكَ تُخْرَجُونَ﴿۱۹﴾... سورۃ الروم

کفر آوردم و در عشق تو ایماں بُردم

سارا کام پہلے سے ہو چکا تھا۔ چولھا مدتوں سے گرم تھا، ہوس بازی نے چنگاریوں کا کام دیا، عشق نے شعلے بھڑکائے تھے۔ صرف اتنی بات باقی رہ گئی تھی کہ ایک دیگ اُتار کر دوسری چڑھا دی جائے۔ یہ کام عشق کی اُمیدوں سے نہ ہو سکا، تو کیا مضائقہ! عشق کی مایوسیوں نے تو پورا کر دیا:

آں نافۂ مراد کہ می خواستم ز غیب در چینِ زلفِ آں بتِ مشکیں کلالہ بود ۵

(۲) "اگر کسی کو اوّل روز سے اپنے زہد و پاکی کی خشک دامنی پر ناز ہو، تو ہم کو بھی اپنی اُس رندی و ہوس ناکی کی تر دامنی کا کوئی شکوہ نہیں، جس کو عین اکیس بائیس کی عمر میں

(کہ جنونِ شباب کی سرمستیوں کا اصلی موسم ہوتا ہے) دونوں ہاتھوں سے اس طرح نچوڑا کہ ایک قطرہ بھی باقی نہ چھوڑا۔

(۳) اس واقعے کے عہد کے بارے میں مولانا لکھتے ہیں :

"باوجودیکہ اس معاملہ پر کامل نو برس گزر چکے ہیں لیکن الحمد للہ کہ جو درد پہلے داغ اور پھر زخم بن کر رہا تھا، اب ناسور بن کر نہاں خانۂ دل میں محفوظ ہے، اور اُمید ہے کہ ہمیشہ محفوظ رہے گا۔" ٦

الف) اس میں مدتِ حادثہ کو خود حضرت مولانا نے بیان کر دیا ہے کہ اوّل تا آخر حادثے کے تمام اثرات ایک سال ۵ ماہ میں پیدا ہوئے اور مٹ چکے تھے۔

ب) اس میں پیش آنے والے واقعے کو اس وقت تک جب کہ وہ رانچی کی نظر بندی (اپریل ۱۹۱٦ء تا ۳۰ دسمبر ۱۹۱۹ء) میں تھے اور تذکرہ کی تالیف (۱۹۱۸ء) میں مصروف تھے، پورے نو سال گزر چکے تھے۔ اس سے صاف ظاہر ہو گیا کہ یہ دور ۱۹۰۸ء میں ختم ہو چکا تھا اور اس کا دورانیہ ایک سال پانچ ماہ کے شب و روز پر محیط تھا۔ اس سے معلوم ہو جاتا ہے کہ یہ واقعہ کب پیش آیا، کس مدت تک گم راہی کی حالت رہی، کب اس سے نجات پائی اور کب حق و صداقت کی زندگی کے شب و روز ایک کامل درجے کے مسلمان کے معمولات کے مطابق گزرنے لگے!

مولانا آزاد نے اپنی زندگی کے اس حیرت انگیز واقعے کا تذکرہ سب سے پہلے ۱۹۲۱ء میں اس وقت کیا جب کہ وہ رانچی میں بہ زمانۂ اسارت 'تذکرہ' لکھ رہے تھے۔ مولانا کی یہ تحریر فارسی زبان میں ڈوبی ہوئی اُردو میں ہے۔ زبان کی بلندی، روانی اور لطافت میں کوئی شبہ نہیں لیکن اس مسئلے کی زبان میں شاید مولانا نے ارادتاً کچھ مشکل اُسلوب اختیار کیا ہے اور حقائق کو آشکارا کرنے کے بجائے ان پر پردہ ڈالنے کی کوشش کی ہے لیکن اس

کوشش کے باوجود وہ اسی سعی میں پوری طرح کامیاب نہیں ہوئے ہیں۔ کسی نہ کسی جگہ حقیقت کے چہرے سے پردہ ہٹ ہی جاتا ہے اور حقیقت نمایاں ہو جاتی ہے۔ لیکن تذکرہ کی اشاعت کے چالیس سال کے بعد، حضرت مولانا کے ۱۹۵۸ء میں انتقال کے بعد، مولانا عبد الرزاق ملیح آبادی نے 'آزاد کی کہانی' شائع کی۔ یہ چوں کہ عام بول چال کی زبان میں تھی، اس لیے اس کی سادگی نے حقائق کو بالکل واضح کر دیا ہے۔ اب کوئی بات نہ راز میں رہی اور نہ کسی درجے میں چھپانے کی کوشش کی گئی ہے۔ مولانا نے خود ہی گھر کے حالات اور حضرت والد گرامی مولانا خیر الدین کے حالات خود ہی پوست کندہ کر دیے ہیں۔

مولانا آزادؒ کی زندگی کے ابتدائی حالات اور ان کے شوق و مذاق کی سب باتیں مثلاً تصنیف، تالیف، شاعری، اخبار و رسائل کے اجرا و مباحث، تقاریر، مطالعہ و مشاہدے کا شوق وغیرہ، یہ مشاغل تو ان کی پسند کی باتیں تھیں۔ گھر کے اندرونی حالات، والد مرحومؒ کی سخت گیری اور بہن کی شادی کا مسئلہ، جو والدہ کی زندگی میں ماموں کے بیٹے سے ہونے والی تھی، لیکن والدہ کے انتقال کے بعد جب وہ مکہ مکرمہ سے کلکتہ پہنچا تو والد مرحوم نے اس طے شدہ اور پسندیدہ رشتے سے انکار کر دیا اور ان کی اولاد کا اس کے خلاف خاموش ردّ عمل کا اظہار کچھ کم تھا؟ لیکن اُنھوں نے اس بات کو محسوس ہی نہ کیا کہ ان کی منگیتر بیٹی جو اس رشتے سے خوش تھی، اس کے دل پر، اور ان کی دوسری بیٹیوں اور بیٹوں کے دلوں پر کیا گزرتی ہو گی!

حال آں کہ قطعاً اُمید تھی کہ اگر والد محترم اپنی ضد سے باز آجائیں تو وقت گزرنے کے ساتھ ان کی رنجش دور ہو جاتی اور ایک اچھے اور مثالی خاندان کی بنیاد پڑتی! لیکن کوئی عالم دین جو حقائق دینی سے واقف ہو، احکام کتاب و سنت جس کے سامنے کھلے ہوئے

ہوں اور ان کی تاثیر وفیضان سے محروم بھی ہو تو ایک عام شخص اس کے بارے میں سکوت اختیار کرنے کے سوااور کیا کر سکتا ہے کہ قدرت نے خود اس کے نونہال کو اس کی حقیقت دینی سے پردہ ہٹا دینے پر متوجہ کر دیا ہو!

اب قارئین غور فرمائیں کہ مولانا ابوالکلام آزاد جب کہ وہ ۱۴، ۱۵ برس کے بچے ہی تھے، ان کے والد گرامی اپنے حسین اور ذہین بیٹے کو کیا سکھا رہے تھے، کیا پڑھاتے تھے، اسے کس راہ پر ڈال رہے تھے اور کیا بنا رہے تھے؟ مولانا آزاد اپنے والدِ گرامی مرحوم کے بارے میں فرماتے ہیں :

"حقیقتاً میں سوچتا ہوں، تو اس بارے میں والد مرحوم کا تعصّب، حد درجے تک پہنچا ہوا تھا، اور میں حیران ہوں کہ اسے کیوں کر کسی لفظ و جملے میں محدود کروں۔ یہ پہلے بہ تفصیل کہہ چکا ہوں کہ کس طرح اوائل عمر سے یہ عصبیت ان میں جان گزیں ہوئی اور کس طرح مدت العمر ان کی تمام تصنیف و تالیف، وعظ و مباحث کا تنہا مرکز و مطمح رہی ہے۔ مجھے اپنے بچپن کی پرانی سے پرانی مسموعات جو یاد آتی ہیں، ان میں 'وہابیت' کا ذکر موجود پاتا ہوں۔"

"شب و روز اس کا چرچا گھر میں بھی رہتا تھا اور باہر بھی۔ والد مرحوم کے جو خدام اور مرید تھے، وہ بھی اسی رنگ میں رنگے ہوئے تھے اور یہ قدرتی تھا۔"[۷]

مولانا ابوالکلام آزاد کو بچپن ہی سے جو تعلیم دی جاتی تھی، اس کا اندازہ اس بات سے لگایا جا سکتا ہے کہ مولانا خیر الدین مرحوم کے ایک مریدِ خاص و خدمت گزار حافظ ولی اللہ جو اُنہیں کبھی کبھی گھر سے باہر پھرانے کے لیے لے جاتے تھے، اسی تعلق سے مولانا آزاد نے 'غبارِ خاطر' میں ان کا ذکر کیا ہے اور 'آزاد کی کہانی' میں ان کے بارے میں لکھا ہے کہ وہ ان کو کیا سکھایا کرتے تھے، مولانا آزاد فرماتے ہیں :

"مجھے اچھی طرح یاد ہے کہ بچپن میں میرا تخیل یہ تھا کہ وہابی کوئی خاص طرح کا ایک بڑا ہی مکروہ اور قابل نفرت مخلوق ہے! میں اپنے ذہن میں اس کا تصور یوں کرتا تھا کہ ایک قبیح صورت انسان جس کا آدھا چہرہ کالا ہے اور پیشانی پر بہت بڑا گھٹا ہے، یہ اس لیے کہ حافظ صاحب کی زبانی سنتے تھے کہ دل کے کفر اور بغضِ رسول ﷺ کی وجہ سے وہابیوں کا آدھا منہ کالا ہو جاتا ہے اور ان کی علامت یہ ہے کہ لوگوں کو دھوکا دینے کے لیے پیشانی پر ایک بہت بڑا گھٹا بنا لیتے ہیں!" ۸

یہ تعلیم کسی بڑی بوڑھی کی چڑیا چڑے کی کہانی نہیں جو وہ بچوں کو سنا کر سُلاتی ہیں، بلکہ وقت کے پیر و مرشد کی تعلیم ہے۔ جو پہلے خدام و مریدین کے ذہنوں اور دلوں میں اُتارتے ہیں پھر وہ عوام میں پھیلا کر پیر صاحب کے فضائل و کمالات سنا سنا کر اُن کے نام اور شہرت کو پھیلاتے ہیں۔ مولانا آزاد نے اسی طرف اشارہ کیا ہے کہ وہ دیکھ رہے تھے کہ اُن کے گھر سے باہر تک یہی ہنگامہ برپا تھا۔ مولانا کے الفاظ یہ ہیں کہ "والد مرحوم کے جو خدام اور مرید تھے، وہ بھی اسی رنگ میں رنگے ہوئے تھے۔"

مولانا خیر الدین مرحوم نے اپنے خدام اور مریدین کو اسی رنگ میں رنگ لیا تھا۔ ان میں سے حافظ ولی اللہ اُن کے مریدِ خاص مولانا ابو الکلام آزاد کو اسی رنگ میں رنگنے کی کوشش میں لگے ہوئے تھے۔ وہابیوں کی رسوائی کا ایک طریقہ یہ اختیار کیا گیا تھا کہ اُن کے ناموں کے لیے مکروہ اور خبیث چیزوں، مچھروں اور چوہوں سے تکلیف و نقصان وغیرہ کے لیے یا کسی کانے اور بد شکل آدمی کے لیے متبادل نام 'وہابی یا وہابیوں' اسماء کو استعمال کیا جاتا تھا۔ مولانا نے اشارات ہی میں اس شکل کا ذکر ہی نہیں کیا بلکہ تحریر میں بھی اس کی شکل پیش کر دی ہے۔ مولانا کہتے ہیں:

"ہمارے دیوان خانے میں اس بارے میں خاص مصطلحات اور اسماء تھے، دنیا کی ہر

مکروہ اور خبیث چیز اسی لقب سے پکاری جاتی تھی۔ مثلاً حافظ جی کہتے تھے: "شب کو اس قدر وہابی تھے کہ نیند نہ آئی۔" یعنی مچھر بہت تھے۔ "دیوان خانے میں کتابوں کے صندوق پڑے تھے، ان کے نیچے 'وہابی' چلے جاتے تھے اور پیندے میں سوراخ کر دیتے تھے۔" یعنی چوہے!... چنانچہ بڑی جد وجہد کے ساتھ 'وہابیوں' کو پکڑا جاتا تھا اور ہم لوگ یوں حساب کرتے تھے: " آج دو وہابی مارے گئے! ایک بہت بڑا وہابی بھاگ گیا۔

نہیں معلوم کون غریب تھا لیکن ایک بڑا ہی بدصورت آدمی تھا۔ ایک آنکھ سے کانا، دوسری میں بھی جالا، چہرے پر شاید فالج بھی گرا تھا، ایک طرف سے لب ٹیڑھے تھے، رنگ بالکل سیاہ۔ رستے میں کبھی کبھی ہم حافظ صاحب کے ساتھ سڑک پر جاتے، تو اس غریب کی طرف اشارہ کر کے وہ کہتے: " دیکھو، وہ خبیث وہابی کھڑا ہے۔" مجھ پر اس کی خوف ناک صورت کا واقعی بڑا ہی دہشت انگیز اثر پڑتا، مجھے یاد ہے کہ کئی مرتبہ میں نے نیند میں ایسے ہی خوف ناک 'وہابی' کو دیکھا اور ڈر کے رونے لگا!"٩

مولانا ابو الکلام آزاد کے بچپن ہی سے اُن کے سامنے حضرت شاہ اسماعیل شہید کے متعلق ایسی باتیں کی جاتی تھیں، جس سے یہ شبہ پیدا ہوتا ہے کہ ان کے والدِ گرامی حضرت شاہ صاحب کے لیے اپنے بیٹے کے قلب میں غلط فہمی پیدا کرنا چاہتے تھے!... اور اگر وہ ایسا نہیں چاہتے تھے تو یہ نیکی کا کون سا عمل تھا جو انجام دیا جاتا تھا؟

مولانا آزاد اس وقت بہت چھوٹے تھے۔ بچپن کے دور سے ابھی قدم بھی نہ نکلا تھا، اس وقت اُنھوں نے حضرت شاہ صاحب کے مقام کو بھی نہ سمجھا تھا۔ لیکن اس کا نتیجہ کیا نکلا؟ یہ کہ جب ان کو حضرت شاہ اسماعیل شہید سے واقفیت ہوئی، حضرت کے مقام کو سمجھا تو اُن کے عقیدت مند ہوئے اور والدِ گرامی کی صداقت اور امانت و شرافت کا بھانڈا پھوٹا تو والد صاحب سے بدظنی انتہا کو پہنچی اور حضرت شاہ صاحب کی سربلندی کا یہ عالم ہوا

کہ ایک خاص مسئلے میں اپنے دادا حضرت شاہ ولی اللہ علیہ الرحمہ کی بزرگی اور عظمت پر بھی سبقت لے گئے ۱۰

قدرت نے ان کے سعید و صالح بیٹے کے ہاتھ سے باپ کے چہرے سے ان کی حقیقت کا پردہ ہٹا دیا۔ کتنی حیرت انگیز بات کہ باپ جس بیٹے کو ایک غلط راستے پر ڈالنا چاہتے تھے، دنیا میں اس نے عزت و شہرت پائی، برّعظیم ہند و پاک میں اس کے نام دین وسیاست اور ملک و قوم وملت کی خدمت کے ڈنکے بج گئے اور باپ کی گم شدگی کا یہ عالم ہے کہ اس پیر و مرشد اور صوفی صفت کا اس کے وطن میں بھی کوئی عقیدت مند موجود نہیں اور دین داروں اور خدا پرستوں کی تاریخ میں ان کی شخصیت کا ذکر اور دینی خدمات کا سراغ نہیں ملتا! لیکن ان کے سعید وصالح اور حق پرست بیٹے ابو الکلام آزاد ہی کے قلم اور زبان سے سن لیجیے۔

یہ داستان اس دور کی ہے جب وہ اپنی تعلیم کے وسط تک بھی نہ پہنچے تھے اور ابھی جوانی کی حد کو بھی نہ چھو سکے تھے۔ مولانا آزاد لکھتے ہیں، مطالعہ فرمایئے :

"ہم ابھی بہت ہی چھوٹے تھے، اتنے کہ اُردو کی مبادیات پڑھتے تھے، لیکن مولوی اسماعیل، سید احمد بریلوی، 'تغویۃ الایمان' (تقویۃ الایمان) وغیرہ کے ناموں سے خوب واقف ہو گئے تھے، کیونکہ ہمیشہ سامنے آتے تھے۔ سیکڑوں مرتبہ ہمارے سامنے والد مرحوم ان لوگوں کے حالات بیان کرتے اور ہم سن سن کر اچھی طرح شناسا ہو گئے تھے۔

تقویۃ الایمان کو وہ تقریر و تحریر میں 'تغویۃ الایمان' کہتے تھے۔ ان کا جو نسخہ ہے، اُس کی لوح پر انھوں نے چاقو سے ایک ایک نقطہ چھیل دیا۔ وہ یہ لطیفہ بھی بطورِ اولیاءاللہ کی کرامت کے بیان کرتے تھے کہ جب مولوی اسماعیل نے 'تقویۃ الایمان' لکھی تو خود ان کے مسودے میں کتاب کے نام میں ایک نقطہ رہ گیا تھا۔" ۱۱

قارئین کرام! انڈر لائن سطور کو کچھ ملاحظہ فرمائیں، ان میں باپ بیٹا دو کردار ہیں۔ بیٹا کہتا ہے کہ میرے باپ نے کتاب کے نام 'تقویۃ الایمان' میں ق کو چاقو سے کھرچ کر 'تغویۃ الایمان' بنایا ہے۔ باپ کہتا ہے کہ یہ اولیاء اللہ کی کرامت ہے، شاید اس طرح کہ ان اولیاء اللہ نے حضرت شاہ صاحب کے ذہن و دماغ پر ایسا چھپٹّا مارا ہو گا کہ ذہن ماؤف ہو گیا اور ایسا کہ انھی سے کتاب کا نام بدلوا کر انھی کے ہاتھ میں ایک نسخہ پکڑا دیا ہو گا۔ خدا معاف کرے! ان کا فراڈ، جھوٹ، گمراہی، دھوکا، وغیرہ، ایک ہی سر پر کتنے گناہ تھپے ہوں گے اور موت کے بعد کن حالات میں ان کی آخرت گزر رہی ہو گی...

اِناللہ واِنا اِلیہ راجعون!

پچھلی کہانی مولانا آزاد کی کم عمری کی کہانی تھی۔ اب جب کہ مولانا کی عمر اور مطالعہ و بصیرت میں زیادہ بلندی ہو گئی ہے، اپنا مشاہدہ اور آنکھوں دیکھا حال بیان کرتے ہیں۔ امید ہے کہ قارئین کے لیے زیادہ عبرت انگیز ثابت ہو گا۔ مولانا فرماتے ہیں :

"جب ذرا اور بڑے ہوئے، تو والد مرحوم کے وعظ اور گھر کی باتوں کو بھی خوب سمجھنے لگے۔ ہمیشہ وہابیوں کے عقائد کا ردّ رہتا تھا، کوئی بات کہی جائے، وہ فوراً یاد آجاتے تھے۔ گریز یوں ہوتا تھا کہ "مگر وہابی یوں کہتے ہیں" پھر ان کا ردّ کیا جاتا تھا۔ ردّ ایسے الفاظ پر مشتمل ہوتا تھا، جس کے صاف معنی ان پر تلعّن اور ان کی تکفیر کے تھے۔ ہم نے سینکڑوں مرتبہ والد مرحوم سے سنا کہ

"ان کا کفر یہود و نصاریٰ کے کفر سے بھی اَشد ہے۔ یہود و نصاریٰ بھی اپنے پیشواؤں کے منکر نہیں ہیں، یہ خبیث تو خود اپنے پیغمبر کے منکر ہیں !" ۱۲

مولانا ابو الکلام آزاد آپنے بچپن سے بہت ذہین تھے۔ درس کے دوران وہ اپنے محترم اساتذہ کو بہت سوالات سے نہ صرف حیرت میں ڈال دیتے بلکہ لاجواب کر دیتے تھے۔

ان کے بڑے بھائی مولوی غلام یاسین عمر میں ان سے دو سال بڑے تھے لیکن تعلیم میں ان کے ساتھ اور ذہانت میں اُن سے کم! مولانا روز اپنے کسی اُستاد کو کسی مسئلے میں اُلجھا کر پریشان کر دیتے تھے، ان کے بھائی نے اس طرح کبھی اپنے استاد کو پریشان نہیں کیا۔

مولانا کے والد گرامی مولانا خیر الدین احمد کبھی کبھی اپنے بیٹوں کی تعلیم کے معیار و رفتار وغیرہ کے معائنے کے لیے اُنھیں اپنے پاس بلا لیتے تھے اور کوئی سبق شروع کر دیتے تھے۔ مولانا آزاد والد گرامی کے درس میں بھی کوئی سوال یا اعتراض کر دیتے اور بحث چھڑ جاتی تھی۔ اور اس کا ایک نتیجہ سامنے آجاتا تھا۔ مولانا خود فرماتے ہیں :

"خود والد مرحوم نے، مجھے یاد ہے، ایک مرتبہ بیضاوی پڑھاتے ہوئے ضمناً قرأۃ فاتحہ کی بحث چھیڑی اور ایک بہت مفصل تقریر کی۔ زیادہ تر وہی نظریے اور دلائل تھے۔ روایت کی بنا پر بڑا زور وہی ابو ہریرہ کی مشہور روایت پر تھا کہ « اِقرابھافي نفسک » اور في نفسک سے استدلال یہ کیا جاتا تھا کہ قراءۃ باللفظ والصوت سے منع کیا اور قراءتِ نفسی کا حکم دیا۔ پھر قرأتِ نفسی کے یہ معنیٰ کیے جاتے تھے کہ نفس کا تخیل و تصور۔"

مجھے اچھی طرح یاد ہے کہ اس وقت بھی میرا ذہن یہاں تک پہنچ چکا تھا کہ صدرِ اوّل کی زبان فلسفہ و منطق کی زبان نہ تھی۔ میں نے معترضین کی طرف منسوب کر کے عرض کیا کہ کہا جائے گا کہ آنحضرت ﷺ کے ارشاد کا یہ مطلب کہاں ہے؟ عربی میں نَفس کا اطلاق ایسے موقعوں پر تو ذاتِ خاص پر ہوتا ہے، جیسے: 'خود آپ' یا فارسی میں کہتے ہیں: 'خود'، چنانچہ نفسہ واَنفسکم وغیرہ کا مطلب، فلسفے کا مصطلح نفس نہ ہو گا، بلکہ یہی ہو گا کہ 'اس کی ذات اور تمہارے ذوات'، مثلاً کہیں گے: جاء بنفسہ تو یہ مطلب تو نہ ہو گا، جو اس حدیث میں بتلایا جاتا ہے۔ پس اقرأ في نفسک تو معترضین کے لیے مفید ہے، نہ کہ قائلین کے لیے، اس کے معنیٰ یہ ہوں گے کہ في نفسک یعنی اپنے اندر پڑھ لے۔ مقصود یہ تھا کہ

پکار کر نہیں پڑھنا چاہیے، بلکہ اس طرح آہستہ آہستہ پڑھنا جیسے آدمی اپنے آپ سے باتیں کرتا ہے۔

والد مرحوم ایک لمحے کے لیے میری طرف دیکھنے لگے! اس لیے کہ جہاں تک میرا خیال ہے، یہ بالکل نیا اعتراض تھا۔ لطف کی بات یہ ہے کہ اب خود دیکھا تو معلوم ہوا کہ اتنی صاف اور قطعی بات، فریق ثانی کی کسی کتاب میں بھی موجود نہیں ہے، البتہ مولوی عبدالحی مرحوم نے آہستہ پڑھنے پر اس سے استدلال ضرور کیا ہے، مگر پھر بھی یہ اعتراض نہیں کیا، حالانکہ وثوق کے ساتھ کہا جاسکتا ہے کہ عربی زبان میں قطعاً وہ معنی نہیں ہو سکتے، جو ابن ہمام وغیرہ کہتے ہیں۔ والد مرحوم نے کہا کہ اپنے آپ سے کہنے کا مطلب کیا ہوا؟ یہی مطلب ہوا کہ اپنے ذہن میں تصور کرے۔ میں نے کہا: تصور کا تو یہاں کچھ بھی نہیں ہے، صرف اقرأ موجود ہے اور اعتراض یہ ہوگا کہ قراءتِ صوتی اور قراءتِ نفسی کی جو تقسیم اب کی جاتی ہے، یہ اس وقت کہاں تھی؟ مگر اس پر انھوں نے توجہ نہ کی، اور اسی پر زور دیتے رہے کہ مقصود یہ ہے کہ ویسی قراءت نہ کی جائے، جیسی آہستہ یا پکار کے کی جاتی ہے، اور وہ تیسری چیز یہی ہے، جو ہم کہتے ہیں، لیکن ظاہر ہے کہ اعتراض رفع نہ ہوا، لیکن میں زیادہ اصرار بھی نہیں کر سکتا تھا۔"۱۳

اسی قسم کا ایک اور واقعہ بھی انھی دنوں باپ بیٹے کے درمیان پیش آیا تھا۔ قصہ یہ تھا کہ ایک شخص کو مولانا کے دیوان خانے میں پکڑ کر لایا گیا تھا۔ مولانا آزاد کو گھر میں ہنگامے کی آواز آئی، جھانک کر دیکھا تو ایک شخص صاحبِ ریش و دستار حضرت والد کے غیظ و غضب کا نشانہ بنا ہوا ہے۔ والد کا ایک مرید سامنے تھا۔ پوچھا: یہ کون شخص ہے؟ اس نے بتایا: یہ وہابی ہے، مولانا آزاد حیران ہوئے کہ یہ کیسا وہابی ہے؟ اس کی تواضع کر کے دھکے دے کر نکال دیا گیا۔ مولانا آزاد گھر میں منتظر تھے کہ والد گرامی سے کچھ پوچھوں!

جوں ہی والد مرحوم نے آنگن میں قدم رکھا، مولانا نے فوراً سوال کر دیا۔ بیٹے باپ میں کیا سوال جواب ہوئے اور کیا نتیجہ نکلا۔ یہ ہمارے مولانا کی زبان سے سنیے، فرماتے ہیں :

"ایک دن مجھے یاد ہے، جمعے کے دن وعظ سے آکے والد مرحوم، حسبِ معمول دیوان خانے میں بیٹھے تھے۔ قاعدہ تھا کہ وعظ کے بعد آدھ گھنٹے وہاں بیٹھ کے پھر زنان خانے میں آتے تھے۔ زور زور سے باتوں کی آواز آنے لگی۔ میں دوڑا ہوا گیا، ایک شخص پگڑی باندھے، بڑی داڑھی، دوزانو بیٹھا، بڑے ادب سے باتیں کر رہا تھا، لیکن والد مرحوم اس پر گرج رہے تھے، اور تمام لوگ اس طرح خون ریز نظروں سے اسے گھور رہے تھے کہ آنکھوں میں اس کا خون پی جانا چاہتے ہیں۔ اس نے خطرہ محسوس کر لیا تھا، اسی لیے ڈرتا اور کانپتا بھی جاتا تھا۔ دروازے کے قریب فضل کریم ایک پنجابی مرید بیٹھے ہوئے تھے۔ میں نے ان سے پوچھا: کون ہے ؟ انھوں نے کہا، وہابی ہے ! اب میں بڑے تعجب سے دیکھنے لگا۔ مجھے سخت حیرت ہوئی کہ آدھا منہ کالا نہیں ہے۔ لب بھی ٹیڑھے نہیں، آنکھیں بھی دونوں ہیں۔ چہرہ بھیانک بھی نہیں ہے۔ معاملہ میری نظر میں اتنا اہم اور سنجیدہ تھا کہ جوں ہی والد اپنے کمرے میں آکر بیٹھے، میں نے کہا: یہ وہابی تھا؟ انھوں نے کہا: ہاں! میں نے کہا مگر اس کا چہرہ تو کالا نہیں تھا! انھوں نے کہا: ہاں! یہ کالک ایک ہی مرتبہ میں نہیں آجاتی۔ جب کبھی آدمی بگڑتا ہے تو دل پر ایک سیاہ نقطہ لگ جاتا ہے۔ پھر جب وہ بگڑ جاتا ہے تو دوسرا نقطہ لگتا ہے، یہاں تک کہ پورا دل کالے نقطوں سے بھر جاتا ہے، پھر بھی اگر وہ باز نہ آئے تو تمام نقطے مل جاتے ہیں اور دل کالا ہو جاتا ہے۔ پھر یہ کالک منہ پر آجاتا ہے۔

﴿كَلَّا بَلْ رَانَ عَلَىٰ قُلُوبِهِم...﴾ ۱۴

اب تک یہ پوری بات اُن کی یاد ہے۔"

## بیٹے کی ذہانت سے دہریّت کا خطرہ

مولانا ابو الکلام ابھی تعلیم سے فارغ بھی نہیں ہوئے تھے کہ ان کی ذہانت، حسنِ کلام اور کمالِ بحث کی شہرت ان کے اساتذۂ محترم سے اور مسجد میں کلکتہ اور بیرونِ شہر سے ملاقات کے لیے آنے والوں سے اُن کی قابلیت اور ذہانت کی شہرت پھیل رہی تھی اور مولوی غلام یاسین آہ کے ذریعے شہر میں ہونے والے بحث و مباحثے اور ہنگاموں اور مولانا آزاد کی پھیلتی ہوئی شہرت کی خبریں والد صاحب تک بھی پہنچ رہی تھی۔ اس کے ساتھ ہی والد گرامی کے دل میں خطرات کا اضافہ بڑھتا جا رہا تھا، چوں کہ حضرت شاہ عبد العزیز دہلوی کے ایک شاگرد مولوی عبدالرحیم گورکھ پوری کے بارے میں شہرت تھی کہ وہ اپنی ذہانت اور قابلیت کی بدولت ہی گمراہی اور دہریت کا شکار ہو گئے تھے۔ اگرچہ مولانا آزاد ان کی دہریت کے قائل نہیں تھے، لیکن والد کا خیال دوسرا تھا اور اپنے بیٹے کی ذہانت سے خوف زدہ ہو گئے تھے۔ مولانا خود اپنے بیان میں فرماتے ہیں؟

"بھائی مرحوم کو یہ معلوم ہو چکا تھا کہ میرے خیالات میں وہابیت کی طرف میلان پیدا ہو چکا ہے، وہ اس پر بگڑتے بھی تھے اور ایک دو بار والد مرحوم کے سامنے بھی انھوں نے اس کا اشارہ کر دیا تھا۔ اس وقت تک والد مرحوم کو میرے عقائد و خیالات کی بابت یقین کے ساتھ کوئی بدگمانی نہیں ہوئی تھی، مگر اس خیال کی بنیاد پڑ چکی تھی کہ اس کی طبیعت ہر طرف دوڑنے لگی ہے، اور خیالات محفوظ نہیں ہیں۔ کئی بار انھوں نے فرمایا بھی تھا: " مجھے اس کے آثار اچھے نظر نہیں آتے۔ بہت زیادہ ذہانت، انسان کے لیے بسا اوقات گمراہی کا ذریعہ ہو جاتی ہے۔ میں اس کی ذہانت سے ڈرتا ہوں!"

پھر بعض اشخاص کے حالات سناتے تھے جو ذہانت و طباعی کی وجہ سے ہر طرف خیال دوڑانے لگے اور بالآخر دین و دنیا سے کھو گئے۔ مجھے یاد ہے، اسی سلسلے میں ایک دن

مولوی عبدالرحیم گورکھ پوری کے حالات سنائے۔ یہ شاہ عبدالعزیز مرحوم کے بڑے پرانے شاگرد تھے اور والد مرحوم کہتے تھے کہ نانا مرحوم جب شاہ صاحب سے پڑھنا ختم کر چکے تھے، تو یہ نئے نئے درس میں شریک ہوئے تھے، لیکن اس وقت بھی ان کی ذہانت وطباعی کا یہ حال تھا کہ شاہ صاحب کے حلقۂ تلامذہ میں جو اس وقت علمی جماعتوں کا خلاصہ وعطر تھا، کوئی شخص ان کی ٹکر کا نہ تھا۔ معقولات کے حافظ تھے اور ہنگام درس ایسے ایسے اعتراضات اور ایسے ایسے نکتے اور پہلو تراشتے تھے کہ شاہ صاحب کو بھی اعتراف کرنا پڑتا تھا۔

یہ حال دیکھ کر شاہ صاحب کہا کرتے تھے: مجھے تمہاری ذہانت اور طباعی کے پیچھے دہریت کھڑی نظر آتی ہے۔ چنانچہ ایسا ہی ہوا، دلی سے کلکتہ آئے اور یہاں انگریزوں کی نوکری کرلی۔ پھر ان کی زبان اور علوم کا شوق ہوا، اور چند دنوں کے بعد کھلم کھلا ملحد و دہری ہو گئے۔ خدا کے وجود پر ایک سو سترہ اعتراضات ایسے کیے تھے جن کی نسبت دعویٰ تھا کہ تمام دنیا کے عقلا بھی اکٹھے ہو جائیں تو بھی جواب نہیں دے سکتے غرضیکہ ذہانت و دانش مندی، موجبِ ہلاکت ہوئی اور سرے سے ایمان و یقین ہی کھو بیٹھے!" ۱۵

سرسید کی تقلید اور قلب کی ہلاکت خیزی

مولانا آزاد کو کتابوں کے مطالعے کا چسکا شروع سے گھر کر گیا تھا اور یہ بات قابل تعریف تھی کہ ابتدا ہی سے ان کی نظر بلند پایہ اور ذوق اعلیٰ تھا۔ اس سلسلے میں سرسید احمد خان اُن کے سب سے بلند پایہ محبوب شخصیت تھے۔ وہ انھیں مجتہد فی المذاہب سمجھتے تھے اور ایک وقت وہ اُن کے مجتہدات کو مرتب کرنا چاہتے تھے۔ وہ برّ عظیم پاک و ہند میں انھیں سب سے بڑی شخصیت سمجھتے تھے۔ ان کی تصنیفات اور افکار سے عالم اسلامی کو متعارف کرانا چاہتے تھے لیکن ایک دو سال کے مطالعہ و تقلید سے کیا نکلا؟ مولانا کی زبان

سے سنیے کہ اب وہ کس مقام پر ہیں، کیا سوچ رہے ہیں؟ فرماتے ہیں :

اطمینانِ قلب ہلاک ہو گیا: "میرا اطمینان یکسر ہلاک ہو گیا اور زندگی روز بروز ایک لا علاج مرض کی شکل میں مبدل ہوتی گئی۔ ایک عام اور دائمی مصیبت، جو اس راہ میں پیش آتی ہے اور ہمیشہ پیش آتی ہے، یہ ہے کہ اس حالت کا لازمی نتیجہ یہ نکلتا ہے کہ کاوش و جستجو، مزید غور و تفکر اور مطالعہ و نظر کے سوا اور کوئی علاج نظر نہیں آتا۔ جوں جوں شکوک بڑھتے ہیں، سوالات اُمنڈتے ہیں، طبیعت اور زیادہ نظر و تفحص میں مبتلا ہوتی ہے، اور دماغ کا عمل ایک بے رحم تیزی کے ساتھ شروع ہو جاتا ہے اور فی الحقیقت اسی حالت سے اور زیادہ تشنگی اور ہلاکت بڑھتی ہے گویا نسخہ، مرض کی نئی نئی ترقیوں کا موجب بن جاتا ہے۔ یہی حالت مجھے پیش آئی اور میں ہمہ تن داغ ہو گیا۔"

پچھلے ایک سالہ دور میں عملی زندگی نہایت ضعیف پڑ چکی تھی۔ تھوڑا بہت تسمہ جو لگا رہا تھا، وہ بھی اب کٹ گیا۔ سر سید کے مسلک کا سب سے پہلا اثر اعمال ہی پر پڑا تھا۔ جب اس بات کا استغراق بڑھ گیا کہ تمام واجبات و فرائض شرعیہ ان ان مصالح اور حکمتوں پر مبنی ہیں اور مقصود صرف ان ان فوائد کا حصول ہے تو پھر ظاہر ہے کہ طبیعت میں ادائے فرض کا کوئی جذبہ باقی نہیں رہتا۔

مولانا ابوالکلام اپنی تعلیم کے آغاز ہی سے افکار و عقائد کے جس آزار میں مبتلا ہوئے تھے، ابھی اس کی درستگی اور انتہا کا کچھ پتا نہ تھا۔ باپ، بھائی اور تین بیٹوں کے درمیان زندگی کا انداز تھا، اسی طرح گزر رہی تھی لیکن جو بے چینی تھی ایک روایتی خاندان میں، وہ بھی ہر کسی کے لیے ناقابل برداشت نہ تھی۔ اس زندگی کی کیفیت کا اندازہ مولانا کے اس بیان سے لگایا جا سکتا ہے، فرماتے ہیں :

"ایک دن مجھے رات کو کھانا کھانے کے بعد اُنھوں نے جاتے ہوئے روک لیا، اور

بہت ہی نرمی و ملائمت سے جو ان کے خاص محبت و شفقت کے وفور کا انداز ہوتا تھا، میرے سر پر ہاتھ پھیرا اور کہا: کیا بات ہے؟ کیوں تو گم صم رہتا ہے، اور کیوں ان خیالات میں پڑ گیا ہے؟ کھل کر کیوں نہیں کہتا؟ میں حسبِ عادت خاموش رہا۔ جب اُنھوں نے بہت اصرار کیا، تو میری آنکھوں میں آنسو آ گئے اور میں نے صرف اتنا ہی کہا کہ نہ میں گمراہ ہوں، نہ وہابی ہو گیا ہوں، نہ نیچری ہوں، نہ خاندان سے منحرف ہوں، جیسا کہ آپ نے فرمایا ہے؛ البتہ بہت سی باتوں پر میرے دل کو اطمینان نہیں ہے اور جس سے اطمینان ملتا ہے، اس سے لیتا ہوں!

اُنھوں نے پوچھا: مثلاً کس سے؟ میں نے کہا: بہت سی باتیں سر سید کی کتابوں میں میرے دل کو لگیں اور میں انھیں پسند کرتا ہوں۔ آپ کی جانشینی کے لیے اور خاندانی منصب قائم رکھنے کے لیے بھائی موجود ہیں۔ مجھے لوگوں کے ہاتھ پاؤں چومنے اور پیر بنائے (جانے کے تصور) سے تکلیف ہوتی ہے۔ میں اپنے کو اس لائق نہیں سمجھتا اور میری التجا ہے کہ مجھے میرے حال پر چھوڑ دیا جائے!

بس اس پر پھر ان کی ناراضی شروع ہو گئی اور میں کچھ دیر سننے کے بعد خاموش چلا آیا۔ ناگہاں جاذبۂ توفیق الٰہی پردۂ عشق مجاز میں نمودار ہوا اور ہوش پرستی کی آوارگیوں نے خود بخود شاہراہِ عشق و محبت تک پہنچا دیا۔ آگ لگتی ہے تو رفتہ رفتہ شعلے بھڑکتے ہیں، سیلاب آتا ہے تو بتدریج پھیلتا ہے، یہ تو ایک بجلی تھی جو آناً فاناً نمودار ہوئی، چمکی اور دیکھا تو خاک کا ڈھیر تھا۔

می گزشتم زغم آسودہ کہ ناگہ ز کمیں عالم آشوب نگاہے سر راہم بگرفت

میرے دل کا کوئی یقین ایسا نہیں ہے جس میں شک کے سارے کانٹے نہ چبھ چکے ہوں، میری روح کا کوئی اعتقاد ایسا نہیں ہے جو انکار کی ساری آزمائشوں میں نہ گزر چکا

ہو۔ میں نے زہر کے گھونٹ بھی ہر جام سے پیے ہیں اور تریاق کے نسخے بھی ہر دار الشفا کے آزمائے ہیں۔ میں جب پیاسا تھا تو میری لب تشنگیاں دوسروں کی طرح نہ تھیں اور جب سیر اب ہوا تو میری سیرابی کا چشمہ بھی شاہراہ عام پر نہ تھا۔

راہے کہ خضر داشت، زسرِ چشمہ دور بود لبِ تشنگی زراہِ دگر بردہ ایم ما!

اس تمام عرصے کی جستجو و طلب کے بعد قرآن کو جیسا کچھ سمجھ سکا ہوں، میں نے ان تین کتابوں کے صفحوں پر پھیلا دیا ہے: ترجمان القرآن، البیان، مقدمہ تفسیر:

سبک زجائے نگیری، کہ بس گراں گہرست متاع من کہ نصیبش مباد ارزانی !

میرا یقین ہے کہ مسلمانوں کی زندگی و سعادت کے لیے سرچشمۂ حیات، حقیقتِ قرآنی کا انبعاث ہے اور میں نے کوشش کی ہے کہ اس کے فہم و بصیرت کا دروازہ ان پر کھل جائے۔ میں ترجمان القرآن شائع کرتے ہوئے محسوس کرتا ہوں کہ اس بارے میں جو کچھ میرا فرض تھا، توفیق الٰہی کی دستیابی سے میں نے ادا کر دیا۔ اب اس کے بعد جو کچھ ہے مسلمانوں کا فرض، اور یہ اللہ کے ہاتھ ہے کہ انھیں فرض ادا کرنے کی توفیق دے:

حدیث عشق و سرمستی زمن بشنو نہ از واعظ

کہ با جام و سبو ہر شب قرین ماہ و پروینم !

﴿مَا كَانَ حَدِيثًا يُفْتَرَىٰ وَلَٰكِن تَصْدِيقَ الَّذِي بَيْنَ يَدَيْهِ وَتَفْصِيلَ كُلِّ شَيْءٍ وَهُدًى وَرَحْمَةً لِّقَوْمٍ يُؤْمِنُونَ ﴿١١١﴾﴾... سورۃ یوسف

۱۶/ نومبر ۱۹۳۰ء... ڈسٹرکٹ جیل میرٹھ (ابو الکلام)

"اسی زمانے میں بمبئی کے سفر کا اتفاق ہوا۔ بمبئی پہنچتے ہی میں سخت بیمار ہو گیا۔ ایک نامعلوم درد کولھے کے پاس محسوس ہوتا تھا اور کوئی تشخیص نہیں ہو سکی تھی۔ آخر خود والد مرحوم نے تشخیص کیا کہ یہ وجع الورک ہے۔ اور کئی مہینوں کے بعد چلنے پھرنے کے قابل

ہوا۔ کامل دو ماہ تک چت لیٹا رہا تھا۔ اس بیماری کے زمانے میں والد مرحوم کا قلب اس درجے متاثر ہوا کہ وہ پچھلی ناراضگیاں بھول گئے۔ اس کے بعد کچھ دنوں تک وہ حالات پیش نہ آئے، جو گھر میں پہلے روز پیش آتے تھے۔ تاہم میرے خیالات کا حال بدستور تھا۔"١٦

اس کے ساتھ ہی مولانا آزاد نے اپنے والد کے برتاؤ اور ان سے اپنے شخصی برتاؤ کے بارے میں یہ بھی لکھ دیا ہے کہ "والد مرحوم کے ساتھ معاملات کی جو عادت طفولیت سے پڑ چکی تھی، وہ اس وقت بھی چلتی رہی۔ ہم لوگ اُن کی کسی بات کے قطع کرنے یا جواب دینے یا رُو در رُو مقابلہ کرنے کے عادی نہ تھے۔ وہ کتنے ہی غیظ و غضب میں زجر و ملامت کرتے، میں سن لیتا اور گردن جھکائے خاموش رہتا تھا۔" ایسے ماں باپ کے ساتھ اولاد کا یہی رویہ تھا اور یہی حضرت صاحبِ نبوت علیہ الصلوٰۃ والسلام کی تعلیم و تلقین تھی۔ مولانا آزاد نے اپنے والد کے ساتھ اسی برتاؤ کو ہمیشہ قائم رکھا تھا۔

مولانا ابوالکلام آزاد نے جس استقامت کا ثبوت دے کر اپنے والدِ گرامی مولانا خیر الدین دہلوی کو مایوس کر دیا تھا۔ اُنھوں نے اپنے والد کے علم و مرتبے، عیش و عشرت کی زندگی کا کوئی اثر نہ لیا تھا اور نہ کسی محنت کے بغیر عزت و احترام اور شہرت کا لالچ اور تاریخ کے امثال سن کر متاثر ہوئے تھے۔ جب مولانا ابوالکلام کو محسوس ہوا کہ والد صاحب اُنھیں اپنا جانشیں بنا کر اپنے منصب پر لانا چاہتے ہیں، اس پر اُنھیں صاف کہہ دیا تھا کہ

"آپ کی جانشینی کے لیے اور خاندانی منصب قائم رکھنے کے لیے بھائی (مولوی غلام یاسین آہ) موجود ہیں۔ مجھے لوگوں کے ہاتھ پاؤں چومنے اور پیر بنانے سے تکلیف ہوتی ہے، میں اپنے کو اس لائق نہیں سمجھتا۔ میری التجا ہے کہ مجھے میرے حال پر چھوڑ دیا

جائے!"۱۷

مولانا خیر الدین کے رویے سے ظاہر ہوتا تھا کہ وہ اپنے چھوٹے بیٹے ابو الکلام فیروز بخت محی الدین احمد ہی کو اپنا جانشین بنانا چاہتے ہیں۔ شاید اس لیے کہ وہ اسے اپنے بڑے بیٹے سے زیادہ قابل اور ذہین سمجھتے تھے! لیکن اب چھوٹے بیٹے کو قابو میں آتے نہ دیکھ کر یہی مناسب سمجھا کہ بڑے بیٹے مولوی غلام یاسین ہی کو تربیت دیں اور اُنھی کو اپنا سجادہ نشیں بنالیا جائے۔

مولانا ابو الکلام آزاد نے اس تبدیلی کو محسوس کرلیا تھا۔ اس لیے وہ ہمیشہ والد مرحوم کا سامنا کرنے سے بہت گریز کرتے تھے۔ کلکتے میں وہ اپنا بیش تر وقت مطالعے اور تصنیف و تالیف میں گزارتے تھے۔ اس سلسلے میں اُنھوں نے کئی رسائل سے تعلق پیدا کرلیا تھا اور خود بھی رسالے نکالے تھے۔ 'الاصلاح' کے نام سے ایک علمی، ادبی اور سوشل ریفارم کا ایک ادارہ بھی قائم کیا تھا۔ ہر ہفتے مختلف موضوعات پر جلسہ ہوتا تھا۔ دارالاخبار و ریڈنگ روم قائم کیا تھا جس میں اُردو، انگریزی، عربی اخبارات و رسائل کو رکھا جاتا تھا۔ کانفرنسوں میں شریک ہونے کا شوق تھا۔ ۱۹۰۵-۱۹۰۴ء میں انجمن حمایت اسلام میں شریک ہوئے تھے اور نام پایا تھا اور شہرت دور دور پہنچ گئی تھی۔ علمی شوق اور وقت گزاری کے لیے اپنا ذاتی رسالہ 'لسان الصدق' کلکتہ میں نکالا تھا۔ اور مدت تک بمبئی میں رہ کر کلکتے کے پتے سے نکالتے رہے تھے۔ یہ رسالہ نومبر ۱۹۰۳ء سے جون ۱۹۰۵ء تک جاری رہا۔ وہ بند ہوا تو علامہ شبلی کے اصرار سے متاثر ہو کر ندوۃ العلما لکھنو کے رسالہ 'الندوہ' میں حضرت علامہ کی نیابت کی ذمہ داریوں کو انجام دیتے رہے۔ مولانا نے ستمبر ۱۹۰۵ء میں الندوہ کی ادارت میں شرکت فرمائی تھی اور مارچ ۱۹۰۶ء میں اس سے قطع تعلق کرلیا تھا۔ اور اسی سال کے وسط سے وکیل، امرتسر کی ادارت کو قبول کرلیا

تھا۔

نومبر کے مہینے میں انھیں کلکتہ سے خبر ملی کہ ان کے بھائی ابوالنصر مولوی غلام یاسین آہ کا انتقال ہو گیا۔ یہ ان کے لیے بہت بڑا سانحہ تھا۔ آہ مرحوم گزشتہ سال اسلامی ممالک کی سیر کے لیے ایک واقف کے ساتھ وطن سے نکلے تھے اور ابھی عراق تک پہنچے تھے کہ بیمار پڑے۔ بیماری بڑھی تو انھیں ہسپتال میں داخل کر دیا۔ اس موقع پر نہایت افسوس ناک حادثہ پیش آیا کہ ان کے شریکِ سفر اور رہنما شخصیت اُنھیں چھوڑ کر چلے گئے۔ ان کی حالت بہت بگڑ چکی تھی۔ کسی شخص نے ان کی حالت کی خبر انڈین سفارت خانے کو پہنچائی۔ خدا کا کرنا کہ سفارت خانے کے ایک انڈین آفیسر کو خبر ہوئی اور اس نے ان کو ہندوستان پہنچانے کا انتظام کر دیا۔ ۱۹۰۶ء میں وہ بمبئی پہنچ گئے، ان کے والد نے کچھ دنوں تک بمبئی میں علاج کرایا، جب افاقہ نہ ہوا تو کلکتہ لے گئے۔ لیکن کلکتہ میں بھی ان کے معالجے کا کوئی نتیجہ نہ نکلا۔ ان کا وقت پورا ہو چکا تھا، اللہ کو پیارے ہو گئے۔ ان کے انتقال کا ان کے والد گرامی اور بھائی کو بہت صدمہ ہوا۔ ان کا یہ صدمہ ان کے بیٹے کا ہی نہیں، ان کے سجادہ نشین کا بھی تھا۔

مولانا ابوالکلام آزاد کو نہ صرف بھائی کی اطلاع دی گئی تھی بلکہ انھیں کلکتہ پہنچنے کی تاکید کی گئی تھی۔ مولانا کے لیے بھی بھائی کے انتقال کا غم کسی سے کم نہ تھا۔ ان کے پہنچنے کے بعد نہ صرف والد نے بلکہ ان کے دوستوں نے بھی ان کے کلکتہ میں ٹھہر جانے پر اصرار کیا۔ اس پر ان کی بیوی کی رخصتی بھی کرادی جو ۱۹۰۲ء میں ان کے عدمِ بلوغ کی وجہ سے عمل میں نہ آئی تھی۔ مولانا کی دو بہنوں کی شادی ہو گئی تھی اور وہ ریاست بھوپال میں آباد ہو گئی تھیں۔ بڑی بہن کا انتقال ہو گیا تھا۔ اب گھر میں آہ مرحوم کی بیوی اور مولانا آزاد کی نئی نویلی دلہن اور والدِ گرامی رہ گئے تھے۔

بیٹے کے انتقال کے بعد مولانا خیر الدین بہت شکستہ مزاج ہو گئے تھے۔ ان کی خواہش تھی کہ آزاد ٹھہر جائیں۔ دوستوں نے ان کے لیے 'دارالسلطنت' کے نام سے ایک رسالے کے اجرا پر ایک رئیس کو آمادہ بھی کر دیا تھا اور مولانا نے کلکتہ میں ٹھہر جانے کا وعدہ بھی کر لیا تھا۔ لیکن ایک مدت تک انتظار کے بعد مایوس ہو کر وہ امرتسر چلے گئے اور وکیل کی ادارت کو اختیار کر لیا۔ یہ واقعہ ۱۹۰۷ء کے وسط کا ہے۔ اب مولانا آزاد پر کلکتہ میں اپنی بیوی، بیوہ بھاوج اور والدِ گرامی کی ذمے داری تھی اور اسے عملاً پورا کرتے تھے۔ اگست ۱۹۰۸ء میں والد صاحب کی خرابئ صحت اور خطرے کی خبر آئی اور چند ہی دنوں میں ان کا فرستادہ بھی پہنچ گیا تو مولانا نے فرستادے کو تو روانہ کیا اور چند روز بعد خود بھی روانہ ہو گئے۔ ۱۵/ اگست کو وہ کلکتہ پہنچے۔ والد گرامی اپنی زندگی کے چند آخری لمحوں کے انتظار میں بے ہوش و حواس چارپائی پر پڑے ہوئے تھے۔ بیٹے نے قرآن پڑھنا شروع کیا تھا، مسافر نے اشارہ کیا اور خود پڑھنا شروع کیا۔ لیکن چند لمحوں ہی میں آواز بیٹھ گئی اور ہمیشہ کے لیے اس دنیا سے رخصت ہو گئے۔

اللہ تعالیٰ نے مولانا ابوالکلام محی الدین احمد آزاد دہلوی کو غلط راہ پر جانے سے محفوظ رکھا تھا اور راہِ حق کے قبول کی توفیق بخشی تھی اور زندگی بھر حضرت شاہ ولی اللہ اور ان کے نامور حفید شاہ محمد اسمٰعیل شہید دہلوی کی راہِ حقیقت پر، جو کتاب و سنت کی تعلیم کے مطابق تھی، اللہ جل جلالہ نے چلنے کی ہمت بخشی تھی۔ یہ اللہ کا ان پر بڑا احسان اور فیض تھا کہ وہ اس خطرے سے نکل آئے تھے۔

وہ ابھی ایک خطرے سے نکلے تھے کہ خداوند قدوس ان کے ایمان و مذہب کی صداقت کی آزمائش کے لیے ایک دوسری اور نہایت خطرناک آزمائش سے گزارتا اور اپنی مخلوق کے لیے اُن کی ذات کو اچھا نمونہ ثابت کرتا ہے۔ خاکسار کا اشارہ سر سید احمد

خاں اور ابوالکلام کی طرف ہے جو ان کے افکار و عقائد کے مطالعے اور تقلید کے جال میں پھنس کر کسی مقام پر پہنچے اور قدرتِ الٰہی نے انھیں اپنی ملت اور مخلوق الٰہی کے لیے کس طرح ان کو اپنے عہد اور بعد کے زمانے کے لیے نمونہ ثابت کر دیا، یہ تمام تر موضوع مولانا ابوالکلام آزاد کے بیان اور ان کے قلم سے لکھی ہوئی داستان قارئین کے مطالعے کے لیے آئندہ پیش کی جائے گی۔ ان شاءاللہ تعالیٰ!

حوالہ و حواشی:

۱. 'تذکرہ' از ابوالکلام آزاد، البلاغ پریس، کلکتہ ایڈیشن ۱۹۱۹ء، ص ۲۹۴

۲. تذکرہ، ص ۲۹۵

۳. ایضاً

۴. تذکرہ، کلکتہ ایڈیشن، ۱۹۱۹ء، ص ۳۰۰

۵. ایضاً، ص ۳۰۱ و ۳۰۲

۶. ایضاً، ص ۳۰۹ و ۳۱۰

۷. 'آزاد کی کہانی خود آزاد کی زبانی' بہ روایت ملیح آبادی، دہلی، حالی پبلشنگ ہاؤس، اپریل ۱۹۵۸ء اوّل: ۳۶۱، ۳۶۲

۸. ایضاً: ص ۳۶۱

۹. ایضاً ص ۳۶۱، ۳۶۲

۱۰. حضرت شاہ اسماعیل شہید کے متعلق یہ اشارہ 'تذکرہ' میں 'مقام عزیمتِ دعوت' کے سلسلے میں آیا ہے۔ مولانا آزاد فرماتے ہیں: "پھر چند قدم اور آگے بڑھو، مقام عزیمتِ دعوت کی کیسی کامل اور آشکارا مثال سامنے آتی ہے۔ ساری مثالوں سے آنکھیں بند کر لو، صرف یہی ایک مثال زیر بحث حقیقت کے فہم و کشف کے لیے کافی

ہے۔ حضرت شاہ ولی اللہ کا مقام ہر رنگ میں کس درجہ جامع و کامل ہے؟ با ایں ہمہ یہاں جو کچھ ہوا، تجدید و تدوین علوم و معارف اور تعلیم و تربیتِ اصحابِ استعداد تک محدود رہا، اس سے آگے نہ بڑھ سکا۔ فعلاً عمل و نفاذ اور ظہور و شیوع کا پورا کام تو کسی دوسرے ہی مردِ میدان کا منتظر تھا۔ اور معلوم ہے کہ توفیق الٰہی نے یہ معاملہ صرف حضرت علامہ مجدد شہیدؒ کے لیے مخصوص کر دیا تھا۔ خود حضرت شاہ صاحب کا بھی اس میں حصہ نہ تھا:

می خواست رست خیز ز عالم بر آورد آں باغبان کہ تربیت ایں نہال کرد!

اگر خود شاہ صاحب بھی اس وقت ہوتے تو انہی کے جھنڈے کے نیچے نظر آتے۔

('تذکرہ' مولانا آزاد، کلکتہ، البلاغ پریس ۱۹۱۹ء: ۲۴۵، ۲۴۶)

۱۱. ایضاً: ص ۳۶۴۔ ۳۶۲

۱۲. ایضاً: ص ۳۶۳

۱۳. 'آزاد کی کہانی خود آزاد کی زبانی' بہ روایت ملیح آبادی، دہلی، حالی پبلشنگ ہاؤس، اپریل ۱۹۵۸ء اوّل: ص ۳۷۷-۳۷۶

۱۴. ترجمہ: "دراصل ان لوگوں کے دلوں پر ان کے بُرے اعمال کا رنگ چڑھ گیا ہے۔"

۱۵. 'آزاد کی کہانی خود آزاد کی زبانی': ص ۳۸۸ - ۳۸۶

۱۶. ایضاً: ص ۳۹۶

۱۷. ایضاً: ص ۳۹۶

***

۴

# مولانا حافظ عبدالعزیز رحیم آبادی

## قاضی عبدالفتاح

مولانا حافظ عبدالعزیز رحیم آبادی۔ ۱۸۵۴- ۱۹۱۸ء:

ولادت ونشاۃ:

۱۲۷۰ھ ۱۸۵۴ء کو ایک بڑے زمیندار گھرانے میں پیدا ہوئے۔ والد گرامی کا نام شیخ احمد اللہ اور والدہ کا نام بی بی بھی مخدومن ہے۔ عمر کے ۱۳ویں سال میں قرآن پاک حفظ کیا۔ اس کے بعد عربی، فارسی کی کتابیں پڑھنا شروع کریں جو اس دور میں رائج تھیں۔ مختلف اساتذہ کرام سے ابتدائی کتابیں تحصیل کیں، ان اساتذہ میں مولوی عظمت اللہ، مولوی محمود عالم رامپوری (۱۳۰۲ھ) اور مولوی محمد یحییٰ عظیم آبادی کے اسماء گرامی خاص طور پر مذکور ہیں۔ (۱)

اعلیٰ تعلیم کے لئے رحلت:۔

پھر ۱۲۹۰ ہجری کو بیس سال کی عمر میں اعلیٰ تعلیم کے حصول کے لئے حضرت شیخ الکل محدث اعظم سید نزیر حسین دہلوی کی خدمت میں حاضر ہوئے کیونکہ اس سے پہلے ان کے بڑے بھائی شیخ عبدالرحیم بھی اسی درس گاہ سے فیض یاب ہو چکے تھے۔ دہلی میں دو سال قیام کے دوران حضرت میاں صاحب سے صحاح ستہ، موطا امام مالک، سنن

دارمی، جامع صغیر ہدایہ، جلالین اور اصول حدیث کی کتابیں پڑھیں۔(۲) اور دو سال کی قلیل مدت میں تکمیل کے بعد ۱۲۹۲ھ کو حضرت میاں صاحب سے سند لے کر وطن واپس ہوئے۔(۳)

درس و تدریس اور دعوت و تبلیغ:۔

وطن پہنچ کر درس و تدریس اور دعوت و تبلیغ میں مشغول ہو گئے اور اپنے والد کے قائم کردہ مدرسہ میں درس دینا شروع کر دیا۔ مسلسل آٹھ سال تک برابر تدریسی فرائض سرانجام دیتے رہے اور ساتھ ہی ساتھ دعوت و تبلیغ کے کاموں میں بھی تندہی سے حصہ لیتے رہے۔ بعض مسائل میں اپنے والد شیخ احمد اللہ سے اختلاف کی بناء پر تقریباً ۱۳۰۰ھ کے زمانہ میں رحیم آباد کو الوداع کیا اور بمع اہل و عیال مظفر پورہ چلے آئے اور ایک محلہ (چھوٹی کلیانی) کی مسجد میں ٹھہر گئے۔ اسی کو اپنا مسکن اور درسگاہ بنا لیا اور اس میں تدریس کا کام شروع کر دیا اور دعوت و تبلیغ کا فریضہ بھی سرانجام دیتے رہے اور یہ درس گاہ آگے چل کر مظفرپور میں مدرسہ احمدیہ کے نام سے مشہور ہوئی اور نصف صدی تک اس درس گاہ میں بہت سے جید علماء کرام درس دیتے رہے، جن میں مولانا ابو طاہر بہاری، مولانا مولا بخش ہراکری، مولانا محمد اسحاق آروی، حافظ محمد حنیف آروی، حافظ عبداللہ رحیم آبادی اور حافظ عبدالستار مولانگری کے اسماء گرامی مشہور ہیں۔

مولانا کی علمی کوششوں نے بڑے بڑے لوگوں کو ایک شیرازہ میں جمع کر دیا۔ مدرسہ احمدیہ آرہ کا اولین دور تھا۔ اس دور میں ہی مولانا عبدالغفار نشتر محدث مہدانوی، حضرت مولانا عبدالعزیز رحیم آبادی اور مولانا شمشاد الحق ڈیانوی ایک سلسلہ میں مربوط تھے، یہ تمام حضرات حضرت میاں سید نذیر حسین دہلویؒ صاحب کے حلقہ درس کے حاشیہ نشین تھے۔

حضرت میاں صاحب کے فیض صحبت کا یہ اثر تھا کہ آپ کے تلامذہ بیرون ہند میں مشہور ہوئے اور تمام حضرات نے ملک میں بڑی بڑی خدمتیں سرانجام دیں۔ انہی میں ایک حضرت رحیم آبادی بھی تھے۔

مولانا محمد سعید (مسجد علی جان دھلی) لکھتے ہیں: (۴)

"آپ مبلغ اسلام تھے، آپ کے کلام میں خاص اثر تھا جس سے سامعین بہت محفوظ ہوتے تھے۔ ہزاروں غیر مسلم آپ کا وعظ سن کر مشرف باسلام ہوتے" بلکہ ایسے واقعات بھی پیش آتے کہ مخالفین نے آپ کا وعظ سن کر اعتراف کیا کہ آپ اس امت کے امام غزالی ہیں اور ایسے اجلاس میں آپ کا خطاب توجہ سے سنا گیا جب کہ مخالفین کسی اہل حدیث عالم کا خطاب سننے کے لئے تیار نہ تھے۔

جماعتی تنظیم:۔

مولانا رحیم آبادی دعوت و تبلیغ مسلک اہل حدیث کے ساتھ ساتھ جماعتی تنظیم کے لئے بھی متحرک رہے اور جب کبھی مجالس میں علماء کے ساتھ جمع ہوتے تو جماعت کو منظم کرنے کے لیے مشاورت اور تجاویز پیش کرتے اور بحث و تمحیص کرتے۔ اس وقت تک: آل انڈیا اہل حدیث کانفرنس" کے عنوان سے اہل حدیث کی تنظیم قائم نہیں ہوئی تھی۔

اتفاق کی بات ہے کہ مدرسہ احمدیہ آرہ میں ایک اجتماع ہوا اور وہاں یہ مسئلہ چھیڑ دیا گیا اور طے پایا کے جماعت کے لئے ایک سردار (امیر) کا انتخاب ہونا چاہیے۔ چنانچہ مولانا ابو محمد ابراہیم صاحب آروی باتفاق رائے امیر منتخب کر لیے گئے۔ اور تنظیم جماعت کے لئے یہ پہلا قدم تھا۔

ان کا انتخاب تو ہو گیا مگر تمام تنظیمی امور کو مولانا رحیم آبادی سرانجام دیتے رہے

حتیٰ کہ جب آروی صاحب ہجرت کر کے مکہ مکرمہ تشریف لے گئے تو مدرسہ احمدیہ آرہ اور جماعت کی امارت کا بوجھ رحیم آبادی پر ڈال گئے۔اس صوبائی (بہاری) تنظیم کے ساتھ مولانا رحیم آبادی آل انڈیا تنظیم کے لئے کوشاں رہے۔اخبار اہل حدیث کے ذریعہ اس تحریک کو شروع کیا اور علماء اہل حدیث نے بھی اپنی آراء اخبار کے ذریعہ نشر کیں۔

چنانچہ ۱۹۰۶ء کے اخبار اہل حدیث میں اس کانفرنس کے لئے اتفاق رائے کا اعلان کر دیا گیا اور مولانا ابو القاسم بنارسی نے تحریر فرمایا کہ مجھے بھی اس کانفرنس سے اتفاق ہے اور نہایت خوشی کی بات ہے کہ جلسہ مذاکرہ علمیہ قریب آرہا ہے لہذا اس اہلحدیث کانفرنس کا انعقاد بھی اسی جلسہ میں ہو جائے۔(۵)

چنانچہ طے شدہ پروگرام کے مطابق مدرسہ احمدیہ آرہ کے مذاکرہ علمیہ کا اجلاس ۲۲۔۲۳۔دسمبر ۱۹۰۶ء ہونا قرار پایا۔جس میں آل انڈیا کے چوٹی کے علماء شامل ہوئے۔حتیٰ کہ حافظ عبد المنان صاحب وزیر آبادی بھی صعوبت سفر اٹھا کر وہاں پہنچے اور باتفاق آراء کانفرنس کی تجویز منظور ہوگئی۔اور حافظ عبد اللہ صاحب کانفرس کے صدر منتخب ہوئے اور ان تین افراد پر تنظیم جماعت کی ذمہ داری ڈالی گئی:مولانا رحیم آبادیؒ، مولانا ثناء اللہ امرتسریؒ اور محمد ابراہیم میر سیالکوٹی۔

اصحاب ثلاثہ کی مساعی:

چنانچہ تاریخ شاہد ہے کہ ان اصحاب ثلاثہ نے جماعتی تنظیم کے لئے ملک بھر کے دورے کیے اور عوام کو اس تنظیم کے اغراض و مقاصد سے متعارف کروایا، بلکہ جماعت کو بنگال سے پشاور تک ایک مرکز پر جمع کر دیا۔اور ہر سال اس کے سالانہ اجلاس کرواتے رہے۔ہم ان ان سالانہ کانفرنسوں کی تفصیل "تحریک کے چند اوراق" میں بیان

کر چکے ہیں۔

تحریک مجاہدین میں مولانا کی سرگرمیاں:

-

تحریک جہاد کے بانی امیر قافلہ سید احمد شہیدؒ اور ان کے وزیر شاہ اسماعیل شہیدؒ تھے۔ان دونوں بزرگوں کی شہادت کے بعد صادق پور علماء نے اس تحریک کو زندہ رکھا اور صادق پور پٹنہ میں مرکزی امیر مولانا عبدالرحیم صادق پوریؒ قرار پائے۔مولانا رحیم آبادی بھی اس تحریک میں شامل تھے،جب مولانا عبدالرحیم گرفتار ہوئے تو ان کے بعد مولانا مبارک علی وتبارک علی بالترتیب قائم مقام امیر مقرر ہوئے۔پھر ان دونوں بھائیوں کی گرفتاری کے بعد ۱۸۷۲ء میں تحریک کی تمام تر ذمہ داری مولانا رحیم آبادی پر ڈالی گئی اور آپ نے زندگی بھر اس ذمہ داری کا پورا حق ادا کیا۔اس کی تفصیل ہم "تحریک مجاہدین" میں بیان کر آئے ہیں۔

مدرسہ احمدیہ، در بھنگہ:۔

حضرت میاں صاحب دہلویؒ کے تلامذہ نے ہندوستان کے مختلف صوبہ جات میں دینی درس گاہیں قائم کرلی تھیں۔جو تحریک اہل حدیث کے لئے مراکز کی حیثیت اختیار کر گئی تھیں۔چنانچہ ۱۸۹۸ء کو مولانا ابو محمد ابراہیم آروی نے مدرسہ احمدیہ آرہ کی بنیاد رکھی۔(٦) ان کے ہجرت کرنے جانے کے بعد اس کا اہتمام بھی مولانا رحیم آبادی کے سپرد ہوا۔یہ مدرسہ کئی سال بڑی تندہی سے چلتا رہا اور پورے ہندوستان سے شائقین علم اس مدرسہ سے فیض یاب ہوتے رہے۔

بالآخر حالات کی مجبوری کے تحت مولانا نے یہ مدرسہ در بھنگہ منتقل کردیا۔جو اب دارالعلوم در بھنگہ کے نام سے چل رہا ہے۔مولانا کے بعد بابو عبداللہ رحیم آبادی مدرسہ

کے نگران مقرر ہوئے اور ان کی وفات کے بعد ۱۳۴۷ھ کو ڈاکٹر سید محمد فرید دارالعلوم کے ہو رہے۔

تبلیغی مساعی:۔

یوں تو ہمارے اکابر تبلیغ و وعظ اور مسلک اہل حدیث کی نشر و اشاعت کے لئے آل انڈیا کے دورے کرتے رہے مگر انہوں نے اپنے خاص علاقوں میں نہایت محنت سے کام کیا اور "عمل بالسنۃ" کے لئے ہر قسم کی مشکلات کا مقابلہ کیا۔ چنانچہ جب ہم مولانا رحیم آبادی کی تبلیغی مساعی کو ان کے خاص علاقہ کے تناظر سے دیکھتے ہیں تو ان کی محنت شاقہ اور حسن انتظام سے متاثر ہوئے بغیر نہیں رہ سکتے۔

مولانا کا خاص علاقہ مشرقی بہار تھا جو کہ مظفر پور، دربھنگہ، چمپارن، اور ترہت پر مشتمل تھا۔ مولانا نے اس علاقہ کے دیہات کے دورے کر کے ہر گاؤں میں ایک سردار مقرر کیا اور چند گاؤں کے لئے ایک ذیلی مرکز بنایا جو اپنے ماتحت موازعات کو کنٹرول کرتا اور حالات کا جائزہ لینے کے لئے خود مولانا سال میں ایک یا دو مرتبہ تاکہ کتاب و سنت پر عمل کے جذبہ کو بیدار رکھا جاسکے اور شرک و بدعات کو مٹانے کے لئے تازہ دم مساعی عمل میں لائی جاسکیں۔

مجالس وعظ:۔

اس غرض سے سالانہ جلسے رکھے جاتے تاکہ اجتماعی طور پر وعظ و نصیحت کی جاسکے۔ اور گزشتہ سال کے کام کا جائزہ لے کر آئندہ سال کے لئے لائحہ عمل تیار کیا جاسکے۔ اور مولانا ابراہیم آروی اس غرض کے لئے مدرسہ احمدیہ میں "مذاکرہ علمیہ" کے نام سے سالانہ جلسہ کیا کرتے تھے۔

مولانا آروی کی ہجرت کے بعد یہ ذمہ داری مولانا رحیم آبادی پر تھی کہ مدرسہ

احمدیہ کے انتظام وانصرام کے ساتھ سالانہ مذاکرہ علمیہ کا بھی اہتمام کیا جائے۔ چنانچہ مولانا اس ذمہ داری سے باحسن طریق عہدہ برآ ہوتے رہے مولانا اس جلسے کو مدرسہ احمدیہ تک ہی محدود نہ رکھا بلکہ صوبہ کے دوسرے علاقوں میں بھی یہ اجلاس منعقد ہوتے رہے جن کی افادیت سے انکار نہیں ہوسکتا۔ اس مذاکرہ علمیہ کے سترہویں جلسہ کے موقع پر ۱۹۰۶ء کو "آل انڈیا اہل حدیث کانفرنس" کا وجود عمل میں آیا اور اس سے ایک سال پہلے یعنی ۱۹۰۵ء کو مولانا ثناء اللہ امرتسریؒ کی تفسیر کی وجہ سے جو نزاع پیدا ہوگیا تھا۔ اس کے تصفیہ کے لئے مولانا رحیم آبادی نے مثبت کوششیں کیں۔ جن کے پیش نظر جلسہ مذاکرہ علمیہ کے موقع پر اس کے لیے حکم مقرر ہوتے تھے۔

تصانیف:۔

مولانا رحیم آبادی راسخ فی العلم تھے اور ان کی زندگی کا اکثر حصہ تبلیغی مہمات میں گزرا لیکن ساتھ ہی آپ نے تصنیف وتالیف کے میدان میں جو باقیات چھوڑی ہیں، وہ اگرچہ آپ کی تبلیغی مہمات کا حصہ ہیں۔ لیکن آپ کے علم وتحقیق پر شاہد عدل ہیں۔

سواء الطریق ترجمہ مشکوۃ المصابیح:۔

علامہ بغوی (۱۷) نے "المصابیح" کے نام سے حدیث کا مجموعہ ترتیب دیا، جس کے متعلق صاحب مشکوۃ (۸) لکھتے ہیں:۔

اجمع کتاب صنِّف فی بابہ، واضبط الشوارد الاحادیث واوابدھا

یعنی یہ کتاب احادیث کا بہترین انتخاب ہے۔ صاحب مشکواۃ نے اسی المصابیح کو از سرنو مرتب کیا اور احادیث کے مخارج کا اضافہ کرکے کتاب میں جو اصولی نقص تھا اس کو دور کردیا۔ اس طرح مشکوۃ المصابیح احادیث کا بہترین مجموعہ بن گئی اور ہمارے دینی مدارس میں اس کو مقررات کی حیثیت حاصل ہوگئی۔

بہت سے علماء نے شروح اور حواشی لکھ کر اس کتاب کی خدمت کی ہے۔ علی القاری کی "مرقاۃ" اور شیخ عبدالحق کی "لمعات" اس کی اہم شروح شمارہ ہوتی ہیں۔ لیکن ان میں ایک مکتب کر کی ترجمانی کی گئی ہے۔ تاہم حل مطالب کی حد تک انہوں نے حق شرح ادا کر دیا ہے۔ اہل حدیث کے علماء میں سے تاحال کسی نے توجہ نہ دی تھی۔ بالآخر قیام پاکستان کے بعد مولانا عبید اللہ المبارکپوری سابق شیخ الحدیث مدرسہ دارالحدیث رحمانیہ دہلی نے ہمت کمر باندھی اور "مرعاۃ المفاتیح" کے نام سے مشکوۃ کی جامع ترین شرح لکھی جو ہر لحاظ سے مفید ترین اور کامل شرح ہے۔ تاہم اردو میں اس کوئی ایسا ترجمہ شائع نہ ہو سکا جو سلفی انداز تحقیق کے مطابق تشریحات پر مشتمل ہوتا۔ مولانا ابراہیم آروی نے "طریق النجاۃ" کے نام سے اس کا ترجمہ کیا تاہم اسے مختصر ترجمہ کہنا انسب ہے۔ گو یہ ترجمہ زبان واسلوب کے لحاظ سے معیاری ترجمہ ہے اور یہ ترجمہ اس وقت شائع ہوا جبکہ حدیث کے اردو تراجم (صحاح ستہ) شائع نہیں ہوئے تھے۔ سو عوام میں بڑا مقبول ہوا۔

مولانا عبدالعزیز رحیم آبادی نے ترجمہ مشکوۃ میں ایک دوسرا انتخاب بھی کیا، یعنی مشکوۃ میں سے ہر باب کی فصل اول (جو صحیحین کی احادیث پر مشتمل ہے) کا سلیس ترجمہ کیا اور اس کا نام "سواء الطریق" رکھا۔ (۹) اور یہ دونوں بزرگ سید نزیر حسین دہلوی (۱۳۲۰ھ) کے ممتاز اور متحرک تلامذہ میں سے ہیں۔ اور حضرت میاں صاحب کے مشن کو چلانے میں مستعد نظر آتے ہیں۔

ہمارے پاکستانی علماء میں سے حافظ عبداللہ صاحب روپڑی غفر اللہ اور حافظ محمد اعظم گوندلوی رفع اللہ درجتہ نے تدریس کے لئے مشکوۃ المصابیح کو خاص کیا اور اس کی شرح لکھنے کا بھی عزم کیا تاہم یہ کام کتاب الایمان سے آگے نہ بڑھ سکا اور کالعدم ہی ہو کر رہ گیا۔

قیام پاکستان کے بعد مولانا سلفی رحمہ اللہ علیہ نے بھی تشریحی نوٹس کے ساتھ اس کا اردو ترجمہ شروع کیا تاہم مکمل نہ ہو سکا اور وہ بھی داعی اجل کو لبیک کہہ گئے اس لئے یہ کام بھی تشنہ تکمیل ہے۔ اللہ تعالیٰ کسی مرد مجاہد کو یہ توفیق دے کہ وہ اس کام کو مختصر جامع حواشی کے ساتھ مکمل کر جائے تاکہ عوام اس سے مستفید ہو سکیں یا مولانا آروی کے ترجمہ کو نظر ثانی کے ساتھ مکمل کر کے شائع کیا جائے تو یہ کتاب مسلک حق کے مقاصد پورے کرنے میں بے حد مفید ہو سکتی ہے۔

حسن البیان فیمافی سیرۃ النعمان:

یہ آپ کا دوسرا شاہکار ہے۔ علامہ شبی مرحوم نے مام ابو حنیفہ کی سیرۃ کیا لکھی کہ زور قلم میں بہت سی لغزشوں کا شاکار ہو گئے اور بقول شخصے حدیث و تفسیر اور تاریخ و سیر مسخ کر گئے۔ مولانا رحیم آبادی پہلی شخصیت ہیں جس نے مولانا شبلی کی کتاب کی باقاعدہ تحقیق کی اور کتاب کی غلطیوں کی نشان دہی کی۔ حتی کہ شبلی مرحوم بھی لغزشوں کی اصلاح پر مجبور ہو گئے۔

سیرۃ النعمان میں مولانا شبلی نے دعویٰ کیا کہ امام ذہلیؒ نے امام بخاریؒ کو اپنی مجلس سے نکال دیا اور امام مالکؒ اور شافعیؒ فقہاء سے تھے، محدث نہیں تھے اور امام حنبل کے مجتہد اور فقیہ ہونے میں اختلاف ہے اور امام ابو حنیفہ کی قلت روایت کی وجہ ان کی شرائط کا کڑی ہونا ہے اور امام صاحب نے مجلس تدوین فقہ قائم کی اور پھر اس مجلس کے ارکان کے اوصاف ذکر کئے ہیں وغیرہ۔ حالانکہ یہ تمام باتیں تاریخی حقائق کے برعکس تھیں۔ اس لیے مولانا رحیم آبادی نے صاحب سیرۃ النعمان پر گرفت کی اور یہ چونکہ صحیح تھی اس لیے شبلی صاحب دوسرے ایڈیشن میں اصلاح و ترمیم پر مجبور ہو گئے۔

ہدایۃ المعتدی فی القراءۃ للمقتدی :

یہ رسالہ "تحقیق قراءۃ المقتدی" کا جواب ہے جو مطبع خادم الاسلام کی طرف سے شائع ہوا۔ مولانا رحیم آبادی نے ہدایۃ المعتدی میں اس کا رد کیا اور مطبع فاروقی دہلی سے ۱۳۱۰ھ کو شائع فرمائی۔

روداد مناظرہ مرشد آباد:

۱۳۰۵ھ میں ضلع مرشد آباد بنگال میں اہل حدیث اور احناف کے درمین مجلس منا ظرہ قائم ہوئی جو ایک ہفتہ تک جاری رہی۔ اس کی روداد مولانا نے خود مرتب کی جو کتابی صورت میں شائع کی اور اس پر بطور شہادۃ مولانا ابراہیم آروی اور استاذالاساتذہ حافظ عبد اللہ صاحب غازی پوری کے تقریظات بھی مرسوم ہیں اس کے مطالعہ سے مولانا کی انشاء پردازی کی بلندی مترشح ہوتی ہے۔

الرق المشور:

الرق المشور فی رد فتح الشکور مطبع انصاری دہلی سے شائع ہوئی اس پر مصنف کا نام مولانا محمود عالم درج ہے لیکن بعض نے اس کو مولانا کی تصنیف لکھا ہے اور مولانا محمود عالم صاحب مظفرپوری، مولانا رحیم آبادی کے تلمیذ رشید ہیں چنانچہ اس کتاب کے دیباچہ میں مرقوم ہے۔

"فتح الشور مصبفہ میاں چراغ علی عرف حافظ عبد الشکور ساکن ٹانڈیہے اور مولانا عبد العزیز کے نام سے اس کا دیباچہ لکھ رہے ہیں۔

اس کتاب کی تقلید اور اس قسم کے دوسرے مسائل ہیں اور مولانا رحیم آبادی نے اس کا رد لکھا ہے (۱۰)

رمی الجمرہ :

یہ کتاب "جمرہ نامی کتاب کے جواب میں لکھی گئی ہے اس لیے اس کا نام رمی الجمرہ

رکھا گیا ہے علاوہ ازیں مولانا کے کچھ مسودات بھی ہیں جن میں سے بعض نامکمل ہیں اور جو مکمل ہیں وہ بھی ابھی تک شائع نہیں ہو سکے۔

العلوم احمدیہ سلفیہ :

مولانا رحیم آبادی دار العلوم کے لیے زمین تو اپنی زندگی میں ہی خرید چکے تھے اور اس میں پرائمری تعلیم کی حد تک انتظام بھی کر دیا تھا پھر بابو عبد اللہ رحیم آبادی کی جگہ امیر مقرر ہوئے تو انھوں نے دار العلوم کی تکمیل کے لیے کوشیش جاری رکھیں۔ بالآخر یہ دار العلوم احمدیہ سلفیہ در بھنگہ کے نام سے قائم ہو گیا اور بابو عبد اللہ کے بعد ڈاکٹر سید محمد فرید صاحب اس کے منصرم رہے اور ان کے بعد سید عبد الحفیظ ڈاکٹر یہ خدمت انجام دیتے رہے۔

وفات:

مالانا ذیابیطس کے مریض چلے آرہے تھے کافی عرصہ بیمار رہ کر ۴ جمادی الآخر ۱۳۳۶ھ کے مطابق ۱۷ مارچ ۱۹۱۷ء کو عالم جاوادنی کو سیدھار گئے۔

مولانا مرحوم کی وفات پر بہت سے لوگوں نے نظم و نثر کے ذریعہ اپنے قلبی اور جماعتی لگاؤ کا اظہار کیا ہم یہاں پر مولانا ثناء اللہ صاحبؒ اور مولانا محمد ابراہیم: سیالکوٹی کے بیانات پر اکتفاء کرتے ہیں شیخ الاسلام مولانا ثناء اللہ مرحوم ۲۶ مارچ ۱۹۱۸ء کے اخبار اہلحدیث میں لکھتے ہیں۔

آہ مولانا عبد العزیز رحمۃ اللہ علیہ۔۔۔!

منْ شاء بعدکَ فلیمتْ

،فعلیکَ کنتُ احاذرُ

آہ میں اس غم کو کن لفظوں میں لکھوں قلم لکھ رہا ہے اور آنکھیں اشکبار ہیں اور دل

مضطراب !۔۔ مگر مومن کی شام یہ ہے کہ وہی کلمہ کہے جس کی شریعت نے اجازت دی یعنی

اناللہ واناالیہ راجعون۔

آہ! ہماری جماعت کو باپ کی طرح کون ڈانٹے گا مربی کی طرح ہماری کون خبر لے گا۔ ہماری کانفرس کی صدارت کون کرے گا مولانا آپ تو آرام میں جا پہنچے مگر ہماری بھی کوئی خبر ہے لیجئے میں اب وہی مصرعہ لکھتا ہوں جو آپ کی طرف سے خط و فرحت پہنچنے پر لکھا کرتا تھا: ع

گیرم کہ غم نیست غم ماہم نیست

آہ عبد العزیز آج تو کہاں چلا گیا کہ ہم کو جواب نہیں دیتا۔۔۔ اناللہ مختصراً

مولانا محمد ابراہیم میر سیالکوٹی نے ۴ دسمبر ۱۹۲۵ء کو اخبار اہلحدیث میں ایک پیغام قوم کے نام شائع کیا اس سے قبل ۲۵ فروری ۱۹۲۵ء کو مؤناتھ بھنجن میں اہل حدیث کانفرس کا اجلاس ہو چکا تھا جس کا خطبہ استقبالیہ مولوی احمد نے دیا:

"آہ! اس شیر میدان تقریر محبان بلاغت مولانا عبد العزیز رحیم آبادی مرحوم کی جلاو رعب والی پیشانی کا جمال کیسے کراؤں میں خداوند قدوس کی قسم کھا کر کہتا ہوں کہ میں نے سارا ہندوستان چھان مارا مجھے اس قابلیت کی ایک و جامعیت کی ایک ہستی بھی نظر نہیں آئی چہ جائیکہ چہار یار مولانا ڈیانوی مولانا پھلواروی حافظ غازی پوری اور مولانا رحیم آبادی کا نصاب پورا کر دوں۔ میں محض اعتقاد سے نہیں کہتا بلکہ اپنی ناقص فراست و مردم شناسی کی بناء پر کہتا ہوں کہ ان چاروں وجودوں نے اپنے پیچھے اپنا بدل نہیں چھوڑا۔ مدعی دعویٰ کرتے پھرے لیکن شیر قالین اور ہے اور شیر نیستاں اور ہے۔ جب سے آخر ۱۷ مارچ ۱۹۱۸ء کو حضرت رحیم آبادی نے انتقال کیا تو میں نے خطبہ جمعہ میں پکار

کر کہہ دیا تھا کہ جماعت کی طشتری کا سرپوش اٹھ گیا۔۔۔الخ"

اخبار اہلحدیث میں مولانا امرتسری مرحوم کے بیان کی روشنی میں ہم کہتے ہیں :مولانا امرتسری نے ۲۹ نومبر ۱۹۴۰ء کو "اہلحدیث کانفرنس" کے اجلاس منعقدہ آرہ میں (۱۱) "حاضرین کرام! ابھی کل کا واقعہ ہے کہ اس شہر آرہ میں "تذکرہ علمیہ" کے نام سے ایک جلسہ منعقد ہوا کرتا تھا اس میں جو علماء شریک ہوتے تھے آج ان کے دیکھنے کو آنکھیں ترس رہی ہیں ان میں چند کے نام یہ ہیں۔ حضرت استاذ العلماء حافظ عبد اللہ صاحب غازی پوری۔ شاہوار میدان فصاحت حضرت رحیم آبادیؒ۔ مولانا شمس الحق ڈیانویؒ صاحب عون المعبود۔ مولانا عبد الرحمٰنؒ صاحب شارح ترمذی۔ مولانا عبد السلام مبارکپوری صاحب سیرۃ البخاری۔

جماعت اہلحدیث کے ابراہیم دھم مولانا شاہ عین الحق پھلواروی انکے استاذ مولانا علی نعمت مرحوم

ہندوستان کے استادان سیاست، ممبران خاندان صادقپورہ
مولانا عبد الجبار صاحب عمرپوری۔۔ حکیم نظام الدین صاحب
مولوی مسلم خاں صاحب۔۔ مولوی حکیم ادریس صاحب
مولانا عبد الغفور صاحب۔۔۔

رحمہ اللہ علیہم اجمعین اللہم اغفرلہم وارفع درجاتہم وابدلہم دار خیر من دارہم واہلا خیر من اہلہم

ان حضرات کی جدائی پر مولانا حالی کی رباعی یاد آگئی آپ فرماتے ہیں:ع

غالب ہے نہ شیفتہ نہ نیر باقی
وحشت ہے نہ سالک نہ ابور باقی

حالی اب انہی کو بزم یاراں سمجھو
یاروں کے جو کچھ داغ ہیں دل پر باقی

اخبار اہل حدیث کی تحریک پر جلسہ آرہ مذاکرہ علمیہ ۱۹۰۶ء میں "اہل حدیث کانفرنس" کی بنیاد رکھی گئی، جس کے صدر مولانا عبد اللہ غازی فوری اور ناظم مولانا ثناء اللہ امرتسریؒ قرار پائے۔ اس کے بعد ۱۹۰۷ء میں جب محمد پور کواری میں مذاکرہ علمیہ کا جلسہ منعقد ہوا تو اس میں قرار پایا کہ اہل حدیث کانفرنس کی گاڑی پھر سے چلانے کے لئے ایک دفعہ ملک کا دورہ کرنا ضروری ہے۔ اور اس وفد تین ارکان منتخب ہوئے۔ مولانا رحیم آبادی کی معیت میں مولانا امرتسری اور میر سیالکوٹی مرحوم۔ سب سے پہلے حافظ محمد امین دہلوی نے جو ان دنوں راج شاہی میں تجارت کرتے تھے، راج شاہی میں پہنچنے کی دعوت دی۔ چنانچہ وفد وہاں پہنچا اور ایک جلسہ بھی منعقد ہوا اس کے بعد یہ وفد کلکتہ چلا آیا۔ اور پھر بنارس، بنارس سے پنجاب کا رخ کیا بعد میں یہ وفد لدھیانہ پہنچا۔ ان دنوں مولوی محمد حسن رئیس لدھیانہ زندہ تھے۔ ان کے ہاں قیام رہا۔ پھر لدھیانہ سے امرتسر، پھر لاہور پھر براستہ امرتسر دہلی پہنچا۔ دہلوی میں اس وقت مولوی محمد حسین کوئلے والے زندہ تھے۔ انھوں نے وفد کی مہمانی اور قیام کا انتظام کیا۔ ان کے بھائی حافظ محمد حسن بھی وفد کی مہمان نوازی میں شریک رہے۔

جلسہ آرہ میں یہ طے ہو گیا تھا کہ کانفرنس کا صدر دفتر دہلی میں رہے گا۔ چنانچہ اس کے لیے احباب دہلی کو جمع کیا گیا جس میں مولانا عبد الوہاب دہلوی، حافظ حمید اللہ صاحب پیچک والے، مولوی حکیم عبد الوہاب، حافظ عبد الوہاب صاحب، مولوی ابو الحسن صاحب، میاں سید نذیر حسین صاحب دہلوی، حاجی عبد الغفار صاحب علی جان والے، مولوی احمد حسن مرحوم اور مولانا ضمیر مرزا وغیرہ اعیان اہل حدیث کانفرنس کے

جلسوں میں شریک ہوتے رہے۔

کانفرنس کے صدر مولوی احمد حسن صاحب قرار پائے اور ناظم مولانا امرتسری ہی رہے۔ دفتری انتظام اور شعبہ مالیات کے سیکرٹری حافظ حمید اللہ صاحب مقرر ہوئے۔

اس کے بعد کانفرنس کا پہلا اجلاس ۱۹۱۲ء کو دہلی میں منعقد ہوا جو بہت پر رونق رہا اور طے پایا کہ کانفرنس کا آئندہ سالانہ جلسہ امرتسر میں ہو گا اور پھر امرتسر کے بعد پشاور میں کانفرنس کا جلسہ ہوا۔ پشاور والے جلسہ کے صدر ارباب عبدالروف خان تھے اس کے بعد کانفرنس کے سالانہ جلسے گوجرانوالہ، ملتان، علی گڑھ، بنارس، آگرہ، موناتھ، بھنجن، (اعظم گڑھ) کلکتہ، اور مدراس ایسے مقامات پر ہوتے رہے۔

۱۹۳۹ء کو کانفرنس کا ۲۱واں جلسہ فتح گڑھ چوڑیاں ضلع گرداسپور (مشرقی پنجاب) میں ہوا، جس کے صدر مولانا عبدالقادر صاحب قصوری مرحوم تھے۔ اس کے بعد ۱۹۴۰ء کو کانفرنس کا ۲۲واں سالانہ اجلاس اپنے مولد یعنی شہر آرہ میں ہوا۔ جس کے صدر مولانا امرتسری مرحوم تھے۔

مولانا رحیم آبادی مرحوم کانفرنس کے اجلاس کلکتہ تک تو شریک رہے۔ اس کے بعد داعی اجل کو لبیک کہا، اس لئے آئندہ سال مدراس کے جلسہ میں مولوی محمد حسن کے صاحبزادے نے نظم پڑھی اس میں ایک مصرع یہ تھا:

چہ خوش بودے اگر عبدالعزیز ایں جلسہ مے دیدے

مدراس کا یہ اجلاس ۳ مئی ۱۹۱۸ء کو ہوا (اجلاس کی رپورٹ ۲۴ مئی ۱۹۱۸ء کے اخبار اہل حدیث میں شائع ہوئی) اس میں ایک نظم پڑھی گئی، جس کا ایک بند یہ تھا: ع

کیا خوب ہوتا وہ بھی گر آج زندہ ہوتے

عبدالعزیز نامی "حسن البیان" والے

اس اجلاس کی صدارت حافظ عبداللہ غازی پوری کے سپرد تھی۔ان کی طرف سے نیابت میں مولوی ابو البرکات محمد عبداللہ صاحب حیدر آبادی نے خطبہ صدارت پڑھا۔

۱۵ اپریل ۱۹۱۸ء کے اخبار اہل حدیث میں مولانا مرحوم کے انتقال پر مولانا امرتسری نے ایک ایک بیان شائع کیا۔

بر بلاتے کنو آسمان اید

خانہ بیکساں تلاش کند

جس میں مولانا امرتسری نے مولانا رحیم آبادی کی موت پر تاسف کا اظہار کیا اور پہلے مرحومین کے نام سے جن میں مولانا ڈیانوی، مولانا غزنوی، حافظ وزیر آبادی، مولانا لطف حسین، عبدالسلام دہلوی، مولانا آروی، مولانا سہسوانی، مولاان عمر پوری مع فرزند، مولانا بقا غازیفوری، مولانا محمد جامری کے نام شامل تھے، مولانا نے فرمایا: مولانا رحیم آبادی کے صدمہ نے ان سب کی یاد تازہ کر دی ہے اور فرمایا:

"ہمارے مفسرین نے رحسین فردا فردا طعمۂ اجل ہو رہے ہیں مصنفین ہمارے دیکھتے ہوئے ہمیں الوداعی سلام کہہ رہے ہیں اور ہم میں سے کسی وقت وہ احساس سے خالی ہاتھوں پر ہاتھوں دھرے تائید آسمانی کے منتظر ہیں اس کے بعد ۳ مئی ۱۹۱۸ء کو مدراس میں اہل حدیث کانفرنس ہوئی جس کی رپورٹ ۲۴ مئی ۱۹۱۸ء کے اخبار اہل حدیث میں شائع ہوئی۔"

مناظرات:۔

مناظرہ بذات خود دعوت و تبلیغ کا جزو لاینفک ہے۔ ہر زمانہ میں دعوت حق کے لئے

مخالفین سے مجادلات و مناظرات بھی ہوتے رہے۔ خود قرآن میں فرق اربعہ باطلہ سے مجادلات مذکورہ ہیں اور ان کی افادیت بھی مسلم ہے۔ مولانا سلفی مرحوم اپنے ایک مقالہ میں علمائے اہل حدیث کی مناظرانہ سرگرمیوں کے سلسلہ میں لکھتے ہیں:۔

"بعض بزرگوں نے مناظرات کی راہ اختیار کی وقتی خطرات کے لیے یہ ایک مفید علاج تھا۔۔ اور وقت کی ضرورت کے لحاظ سے ان کے مفید ہونے میں شبہ نہیں کیا جاسکتا، قادیانیت اور بعض دوسرے فرقوں نے عوام میں جس طرح بدعی خیالات کی اشاعت شروع کی تھی، اگر اس کا بروقت علاج نہ کیا جاتا تو آج پانی سر سے گزر گیا ہوتا۔ اگر صورتحال کو جلد از جلد درست نہ کیا جاتا تو قادیانیت ایک عظیم فتنہ اختیار کرلیتی"

مولانا رحیم آبادی بھی ایسے دور میں زندگی گزار رہے تھے، جس کو مناظرات کا دور کہا جاتا ہے۔ مولانا شیخ الاسلام امرتسری (۱۸۴۸ء۔۱۸۶۸ء) مولانا حافظ محمد ابراہیم سیالکوٹی اور دیگر اکابر اہلحدیث نے دعوت وارشاد اور تبلیغ کی غرض سے مخالفین سے مناظرات میں اپنی زندگی کا بہترین حصہ اور صلاحیتیں صرف کرڈالیں اور اسلام سے دفاع کے لئے عیسائیت، مرزائیت، چکڑالویت، اور آریہ سماج سے مناظرات کیے اور ان کے اسلام پر اعتراضات کے دنداں شکن جوابات دیئے اور تحریک اہلحدیث کے دائرہ کو آل انڈیا میں وسیع کرنے کے لئے مقلدین سے بھی مناظرے کئے اور تقلید وجمود کو توڑنے کے لئے متعدد مناظروں سے کامیابی کے جوہر دکھائے، اس طرح توحید وسنت کی اشاعت اور شرک وبدعت کی تردید میں اپنی زندگیاں وقف کردیں۔ مولانا رحیم آبادی کو بھی دعوت وتبلیغ کے سلسلے میں مناظرات کے میدان میں کودنا پڑا اس ضمن میں اہل حدیث اوراحناف کے درمیان بہت سی مجالس مناظرۃ منعقد ہوتی رہیں۔ مگر ان میں

مرشد آباد (بنگال) کے مناظرہ میں کامیابی کی وجہ سے اس علاقہ میں تحریک اہل حدیث کے دائرہ کو وسعت پزیری کا موقع ہاتھ آگیا۔

اس مناظرہ میں فریقین کے اکابر علماء شریک ہوئے۔ اہلحدیث جماعت کی طرف سے مولانا رحیم آبادی کو مناظر مقرر کیا گیا اور اہلحدیثوں کو فتح حاصل ہوئی۔ تفصیل کے لئے "مناظرہ مرشد آباد" مطبوعہ کراچی دیکھا جاسکتا ہے اور مولانا کی تالیفات کے ضمن میں ہم بیان کر آئے ہیں۔

خطابت:۔

مولانا رحیم آبادی فن خطابت کے ماہر تھے اور تقریر میں مجمع پر چھا جاتے کے حاضرین رحیم آبادی کے علاوہ کسی کی تقریر سننا گوارہ نہ کرتے۔ حضرت مولانا ثناء اللہ امرتسریؒ "اخبار اہل حدیث" میں لکھتے ہیں: (۱۲)

گر حق یہ ہے کہ مولانا رحیم آبادی کی تقریر کچھ ایسی دلپزیر ہوتی ہے کہ بے ساختہ کہنا پڑتا ہے: ع

اثر بہانے کا پیارے تیرے بیان میں ہے
کسی کی آنکھ میں، جادو تیری زبان میں ہے

حوالہ جات:۔

۱۔ اہل حدیث امرتسر ۱۹۲۰ء نزہۃ الخواطر ۸ / رقم ۲۲۷۔

۲۔ اخبار اہل حدیث امرتسر۔

۳۔ حیات ثنائی سوہدروی، ص ۲۳۳۔

۴۔ اخبار اہل حدیث امرتسر، ۴ جون ۱۹۲۷ء۔

۵۔ اخبار اہل حدیث امرتسر مجریہ ۱۴ دسمبر ۱۹۰۶ء

۶۔ تفصیل کے لئے دیکھئے: تذکرہ مولانا ابراہیم آروی، محدث نمبر۔ ۹۴۔

۷۔ ابو محمد الحسین بن مسعود الفراء البغوی المتوفی ۵۱۶ء۔

۸۔ الشیخ ولی الدین ابو عبد اللہ محمد بن عبد اللہ الخطیب العمری والتبریزی،

۹۔ اس کا پہلا ایڈیشن مطبع فاروقی میں طبع ہوا اور دوسرا اور تیسرا ایڈیشن دار العلوم احمد سلفیہ کے اہتمام سے شائع ہوا۔

۱۰۔ فضل الرحمان مولانا عبد العزیز رحیم آبادی،

۱۱۔ اخبار اہلحدیث دہلی، ۱۵ نومبر ۱۹۵۱ء کو یہ تقریر دوبارہ شائع ہوئی۔

۱۲۔ اہل حدیث امرتسر مجریہ۔ ۱۴ اپریل

****

# ۵

# ڈاکٹر محمد حمید اللہؒ

## خورشید احمد

ترکشِ مارا خدنگِ آخریں

برعظیم پاک و ہند کے علمی اور دینی اُفق کو درخشاں کرنے والے تمام ستارے ایک ایک کر کے ڈوب گئے...! اس سنہری سلسلے کا آخری تارہ☆ ڈاکٹر محمد حمید اللہؒ مغرب کی آغوش میں ہمیشہ کی نیند سو گیا۔

انا للہ وانا الیہ راجعون

محمد حمید اللہؒ، ۱۶ر محرم الحرام ۱۳۲۶ھ بمطابق ۱۹ر فروری ۱۹۰۸ء حیدر آباد دکن میں پیدا ہوئے۔ دولتِ آصفیہ ہی میں ابتدائی سے اعلیٰ تعلیم تک کے مراحل طے کئے اور عثمانیہ یونیورسٹی سے، جو برعظیم کی تاریخ میں اُردو کے محوری کردار اور اپنی اعلیٰ علمی روایات کی وجہ سے ایک منفرد مقام رکھتی تھی، ایم اے اور ایل ایل بی کی سندات امتیازی شان سے حاصل کر کے اسی جامعہ میں تدریس کی ذمہ داریاں سنبھال لیں۔ تقسیم ملک سے کچھ قبل اعلیٰ تعلیم کے لئے جرمنی گئے اور بون (Boon) یونیورسٹی سے بین الاقوامی قانون کے موضوع پر تحقیقی مقالہ لکھ کر ڈی فل کی سند حاصل کی۔ ڈاکٹر حمید اللہؒ کی یہی تحقیق تھی جو بعد میں ضروری اضافوں کے ساتھ ان کی شہرۂ آفاق تصنیف Muslim

Conduct of State بنی۔ جرمنی سے فرانس منتقل ہوگئے اور سوربون (Sorbonne) یونیورسٹی سے 'عہدِ نبویؐ اور خلافتِ راشدہ میں اسلامی سفارت کاری' کے موضوع پر مقالہ لکھ کر 'ڈی لٹ' کی سند حاصل کی۔

اس زمانے میں سقوطِ حیدرآباد (۱۹۴۸ئ) کا سانحہ رونما ہوا۔ اس کے بعد پھر ڈاکٹر حمید اللہؒ پیرس ہی کے ہو کر رہ گئے۔ میرے استفسار پر ایک بار بتایا کہ میں دولتِ آصفیہ کے پاسپورٹ پر یورپ آیا تھا۔ پھر میری غیرت نے قبول نہ کیا کہ بھارت کا پاسپورٹ حاصل کروں۔ فرانسیسی شہریت بھی ساری عمر حاصل نہ کی۔ پناہ گزیں کی حیثیت پر تمام عمر قانع رہے اور محض وثیقہ راہ داری (Travel Documents) کے ذریعے عالمی سفر کرتے رہے جس کے تحت چھ ماہ کے اندر اندر انہیں فرانس واپس آنا پڑتا تھا۔ سچی بات یہ ہے کہ وہ نہ صرف یہ کہ کسی ملک کے بھی شہری نہ تھے بلکہ ذہنی اور مادّی، ہر دو اعتبار سے اس دنیا ہی کے شہری نہ تھے۔ ۷۰ سال بغیر پاسپورٹ کے گزارے اور بالآخر وہاں چلے گئے جہاں کسی دنیاوی پاسپورٹ کی ضرورت نہیں ہوتی... ہاں ان کے پاس ایمان، عمل صالح اور علم و تحقیق اور دعوت و تبلیغ کے لئے وقف کی جانے والی زندگی کا سرمایہ تھا اور یہی سب سے کام آنے والی چیز ہے!!

ڈاکٹر حمید اللہ مشرق اور مغرب کی نو زبانوں پر قدرت رکھتے تھے اور چار میں (اُردو، انگریزی، فرانسیسی، عربی) بلاواسطہ تحریر و تقریر کی خدمت انجام دیتے تھے۔ مطالعہ اور گفتگو کی اعلیٰ استعداد جرمنی، اطالوی، فارسی، ترکی اور روسی زبانوں میں بھی حاصل تھی۔ پیرس کے مشہور تحقیقی مرکز Centre National de la Researche Scientifique سے ریٹائرمنٹ تک وابستہ رہے۔

علم و تحقیق اور دعوت و تبلیغ سے ایسا رشتہ باندھا کہ رشتہ ازدواج کی فکر کی مہلت

بھی نہ ملی اور امام ابن تیمیہؒ کی سنت پر عمل کرتے ہوئے گھر بار کے جھگڑے سے آزاد رہے اور صرف علم کا ورثہ چھوڑا۔ عالم اسلام کی چوٹی کی جامعات میں تدریس کے فرائض انجام دیے، خصوصیت سے جامعہ استنبول سے طویل عرصہ تک متعلق رہے۔ وہ ہر سال چند ماہ وہاں گزارتے تھے۔ جامعہ اسلامیہ بہاولپور میں بھی ۱۲ر خطبات دیئے جو خطباتِ بہاولپور کے عنوان سے شائع ہوئے اور ان کا خوب صورت انگریزی ترجمہ ڈاکٹر افضل اقبال نے کیا اور یہ The Emergence of Islam کے نام سے شائع ہوئے۔

میری نگاہ میں ڈاکٹر محمد حمیداللہؒ مسلمانوں میں پہلے اور آخری مستشرق (Orientalist) تھے۔ مستشرق میں ان کو اس لئے کہہ رہا ہوں کہ انہوں نے مستشرقین کے طریق تحقیق (Methodology) پر ایسی ہی قدرت حاصل کرلی تھی جیسی غزالی نے یونانی فلسفے پر۔ وہ تحقیق اور طریق تالیف کے باب میں مستشرق ہوئے لیکن اس پہلو سے مستشرقین سے مختلف تھے کہ ان کا قبلہ درست تھا۔ ان کے اصل مآخذ قرآن و سنت اور مسلمانوں کے معتبر اہل علم کی تصانیف تھیں۔ انہوں نے اسلام کو، جیسا کہ وہ ہے، دنیا کے سامنے پیش کیا۔ البتہ تحقیق و تصنیف، تلاش و جستجو، نقد و احتساب کے ان تمام ذرائع کو کامیابی اور قدرت کے ساتھ استعمال کیا جو مستشرقین کا طرۂ امتیاز سمجھے جاتے ہیں اور اس طرح علمی میدان میں اہل مغرب کا جو قرض مسلمانوں پر تھا، اسے فرضِ کفایہ کے انداز میں ڈاکٹر صاحب نے چکا دیا اور ساتھ ساتھ وہ کیا جسے انگریزی محاورے Paying in the same coin کہا جاتا ہے۔ الحمدللہ!

ڈاکٹر حمیداللہؒ فکر و نظر کے اعتبار سے ٹھیٹھ مسلمان تھے۔ انہوں نے سلف کے نقطہ نظر کو پوری دیانت سے جدید زبان اور استشراق کے اُسلوب سے فائدہ اٹھاتے ہوئے پیش کیا اور ایک حد تک یہ کہنا درست ہو گا کہ اسلامی علوم اور دورِ جدید کے طلبا اور محققین

کے درمیان ایک پُل بن گئے۔

ڈاکٹر حمید اللہؒ کی علمی دلچسپیوں کا دائرہ بڑا وسیع تھا اور اس حیثیت سے ان کا کام کثیر جہتی (Multi Dimensional) تھا۔ انہوں نے تحقیق کے مختلف میدانوں میں بڑے معرکہ کی چیزیں پیش کیں لیکن شاید ان کی سب سے زیادہ دین (Contribution) مسلمانوں کے بین الاقوامی قانون کے میدان میں ہے جس میں انہوں نے علمی دنیا سے یہ منوالیا کہ بین الاقوامی قانون کے اصل بانی مسلمان فقہا اور علما ہیں، سترہویں صدی کے مغربی مفکرین نہیں۔ تدوین حدیث کے باب میں بھی ان کا کام بڑا وقیع ہے اور صحیفہ ہمام ابن منبہ کی تالیف اور اشاعت ان کا بڑا کارنامہ ہے جس نے یہ ثابت کر دیا کہ حدیث کی کتابت دورِ رسالت مآبؐ اور دورِ خلافت راشدہؓ ہی میں شروع ہوگئی تھی۔ یہ مسودہ ان کو جرمنی کی ایک لائبریری سے ملا جس کو مناسب انداز میں ایڈٹ کر کے اور یہ دکھا کر کہ اس اوّلین مسودے میں لکھی ہوئی احادیث اور بعد کے مجموعوں میں پائی جانے والی احادیث میں کوئی فرق نہیں ہے، انہوں نے بڑے سائنسی انداز میں حدیث کی صحت کو منوانے میں بیش بہا خدمات انجام دیں۔ حضور پاک صلی اللہ علیہ وآلہ وسلم کی سیاسی زندگی، آپؐ کے غزوات، سفر ہجرت، خطوط اور وثائق کی تلاش اور ترتیب... ان سب میدانوں ☆ میں ڈاکٹر حمید اللہ نے تحقیق اور تسوید کے وہ نقوش قائم کئے ہیں جو تادیر چراغِ راہ رہیں گے۔

اسلامی فقہ کی تدوین اور خصوصیت سے امام ابو حنیفہؒ کی Methodology پر ان کا کام ۸ راہ کشا حیثیت رکھتا ہے۔ اسلامی قانون اور قانونِ روما کے فرق کو بھی انہوں نے بڑے قاطع دلائل سے ثابت کیا اور مستشرقین کے اس غبارے سے ہوا نکال دی کہ اسلامی قانون دراصل قانونِ روما سے ماخوذ ہے۔ دنیا کی مختلف زبانوں میں قرآن پاک کے

ترجموں کی معلومات کو جمع کرنا بھی ان کا ایک پسندیدہ موضوع تھا اور اس سلسلے میں ان کی کاوش بنیادی کوشش کا مقام رکھتی ہے۔ ان کے طرزِ تحقیق میں صرف کتابی محنت ہی شامل نہ تھی۔ حضورِ پاک ﷺ کے سفر ہجرت کی تحقیق میں انہوں نے پاپیادہ اور گھوڑے اور اونٹ کی پیٹھ پر بیٹھ کر اس راستے پر عملاً سفر کیا، جس سے حضورِ پاکؐ نے ہجرت فرمائی تھی اور اس طرح اس شاہراہ کو متعین کیا جو روایات میں دھندلی ہوگئی تھی۔ قرآنِ پاک اور سیرتِ مبارکہ ان کی زندگی کے صورت گرہی نہ تھے، ان کی علمی دلچسپی کا بھی محور تھے۔

فرانسیسی زبان میں قرآن پاک کا ترجمہ اور فرانسیسی زبان ہی میں دو جلدوں میں سیرتِ پاک کی تدوین بھی ان کے نمایاں کاموں میں سے ایک ہے۔ سیرت کی کتاب کا انگریزی ترجمہ بھی ڈاکٹر صاحب نے خود ہی کیا ہے جو شائع ہو گیا ہے۔ ۱۰۰ سے زیادہ مقالے اور مضامین ان کے قلم سے نکلے اور اہل علم کی تشنگی دور کرنے کا ذریعہ بنے۔ یقینا ان کی چھوٹی بڑی کل کتب کی تعداد ۱۵۰ سے زیادہ ہے۔

ڈاکٹر حمید اللہؒ سے میری پہلی ملاقات اس زمانے میں ہوئی جب میں ابھی طالب علم تھا اور اسلامی جمعیت طلبہ میں سرگرم تھا اور وہ پاکستان کی پہلی دستور ساز اسمبلی کو اسلامی دستور سازی میں مدد دینے کے لئے پاکستان آئے ہوئے تھے۔ وہ مولانا سید سلیمان ندوی، مفتی محمد شفیع اور مولانا ظفر احمد انصاری کے ساتھ مجلس تعلیمات اسلامی کے رکن تھے اور اسمبلی کی عمارت ہی کے ایک حصے میں ان کا دفتر تھا۔ ان کے علم کی وسعت اور ان کے رعب کے تحت میرے ذہن نے ان کی ایک تصویر بنالی تھی لیکن ان کو دیکھ کر مجھ کو ایک دھچکا سا لگا۔ میں نے ان کو ایک دبلا پتلا اور سادہ سا فقیر منش انسان پایا۔ اِکہرا بدن، لمبا قد، صاف رنگ، کتابی چہرہ، اوسط لمبائی مگر غیر کفی ڈاڑھی، پر نور آنکھیں...

اور ان سب سے بڑھ کر انکسار کا مجسمہ ☆، تواضع کا پتلا، سادگی کا پیکر اور جس چیز نے سب سے زیادہ حیران کیا، وہ یہ تھی کہ اسمبلی کے دفتر میں کرتے پاجامے میں ملبوس اور پاؤں میں کھڑاوں ... پتا نہیں آج کی نسل اس شے سے واقف بھی ہے یا نہیں؟ ہمارے بچپن میں وضو کے لئے لکڑی کی سادہ سی چپل ہوتی تھی جسے 'کھڑاوں' کہتے تھے اور جو بالعموم غسل خانے میں رکھی جاتی تھی۔ میرے ذہن کے کسی گوشے میں بھی یہ تصور نہ آسکتا تھا کہ کوئی اسمبلی کے دفتر میں 'کھڑاوں' پہنے بیٹھا ہو گا۔

حیرانی کی یہ کیفیت چند ہی لمحات میں ان کی شفقت اور پیار سے بھری باتوں سے دور ہو گئی اور تبحر علمی کے ساتھ ان کا انکسار دل پر نقش ہو گیا۔ بات آہستہ آہستہ دھیمے لہجے میں، کچھ کچھ رک کر اور سر ہلا ہلا کر کرتے تھے مگر اس طرح کہ دل میں اُتر جاتی تھی۔

پھر ڈاکٹر صاحب نے اس وقت مجھے چونکا دیا جب 'چراغِ راہ' کے اسلامی قانون نمبر کی اشاعت پر بالکل غیر متوقع طور پر ان کا تین صفحے کا خط موصول ہوا۔ اور تین صفحے بھی ایسے کہ ان میں ۱۰ صفحوں کا لوازمہ موجود تھا، کیونکہ ڈاکٹر صاحب ہلکے کاغذ پر چھوٹے حروف میں اس طرح لکھتے تھے کہ مختصر حاشئے کے سوا ہر جگہ بھری ہوتی تھی۔ اس سے بھی زیادہ چونکا دینے والی بات ان کی محنت تھی۔ اسلامی قانون نمبر پر بہت خوش تھے۔ بڑی فراخدلی سے اس کی تعریف کی لیکن ساتھ ہی بڑے انکسار سے لکھا کہ آپ کو زحمت سے بچانے کے لئے دوسرے ایڈیشن کے لئے کتابت کی غلطیوں کی نشاندہی کر رہا ہوں... اور اس طرح صفحہ اور سطر کے تعین کے ساتھ تین صفحوں میں انہوں نے میری اور میرے ساتھیوں کی بے احتیاطی کی تلافی کا سامان کر دیا تھا۔ ڈاکٹر صاحب سے خط و کتابت کا سلسلہ ۴۰ سال پر پھیلا ہوا ہے مگر کس دل سے لکھوں کہ اس کا بیشتر حصہ محفوظ نہ رہ سکا! آخری خط میری مختصر کتاب Family Life of Islam کے فرانسیسی ترجمے پر ان

کی تصحیح و تنقید سے عبارت تھا۔

ڈاکٹر صاحب نے ۱۹۴۸ء میں جو فلیٹ پیرس میں کرائے پر لیا تھا، وہ ایک ایسی عمارت کی چوتھی منزل پر تھا، جس میں لفٹ نہ تھی۔ انہوں نے پیرس کے قیام کے آخری ایام تک اسی میں سکونت رکھی۔ اس فلیٹ کا ایک ایک کونہ بشمول باورچی خانہ کتابوں سے بھرا ہوا تھا اور یہی ان کی سب سے بڑی دولت تھی۔ زندگی اتنی سادہ کہ کپڑے کے چند جوڑوں اور کھانے کے چند برتنوں کے سوا ان کے گھر میں کچھ بھی نہ تھا۔ کھانے کے بارے میں بھی اتنے محتاط تھے کہ حلال گوشت نہ ملنے کے باعث زمانۂ طالب علمی میں ہی گوشت کو خیر باد کہہ دیا تھا۔ سبزی اور پنیر پر گزارا کرتے تھے اور جب یہ شبہ ہوا کہ پنیر میں بھی جانور کی آنتوں کی چربی استعمال ہوتی ہے تو اس سے بھی دست کش ہوگئے۔ علم و تقویٰ، قناعت اور سادگی میں سلف کی مثال تھے۔

میں نے ڈاکٹر صاحب کے ساتھ متعدد علمی مذاکرات میں شرکت کی ہے لیکن سب سے زیادہ یادگار وہ مخیم (تربیتی کیمپ) تھا جو فرانس میں ایک دیہاتی علاقے میں فرانس کی مسلمان طلبہ کی اسلامی تنظیم (UMSO) کے تحت منعقد ہوا تھا اور جس میں پانچ دن رات ہم نے ساتھ گزارے۔ ڈاکٹر صاحب بھی عام طلبہ کی طرح زمین پر سوتے اور اپنے برتن اپنے ہاتھ سے دھوتے تھے۔ مجھے یہ سعادت بھی حاصل ہوئی کہ کمالِ التفات سے ڈاکٹر صاحب نے میری تقاریر کا فرانسیسی زبان میں ترجمہ فرمایا۔ جزاھم اللہ خیر الجزاء

وقت کی پابندی میں بھی ڈاکٹر صاحب اپنی مثال آپ تھے۔ اس کی کوئی دوسری مثال اگر میں دے سکتا ہوں تو وہ مولانا سید ابوالاعلیٰ مودودیؒ کی ہے۔ یہاں اس واقعے کا ذکر بھی شاید غیر متعلق نہ ہو (اور اس کے راوی ڈاکٹر صاحب کے دیرینہ ساتھی اور میرے بزرگ دوست احمد عبداللہ المسدوسی مرحوم ہیں) کہ حیدر آباد کا نوجوان حمید اللہ

اپنی پوری طالب علمی کے دور میں صرف ایک بار کلاس میں تاخیر سے پہنچا (غیر حاضری کا تو سوال ہی نہ تھا) اور یہ وہ دن تھا جب ان کی والدہ کا انتقال ہوا۔ تدفین کے بعد یہ نوجوان سیدھا جامعہ گیا اور کلاس میں شریک ہو گیا۔

پیدا کہاں ہیں ایسے پراگندا طبع لوگ
افسوس تم کو میرؔ سے صحبت نہیں رہی

ڈاکٹر حمید اللہ صرف علم و تحقیق ہی کے مردِ میدان نہ تھے، دعوت و تبلیغ میں بھی ڈوبے ہوئے تھے۔ پیرس کی جامع مسجد میں ایک مدت تک تعلیم و تدریس کی خدمت انجام دیتے رہے۔ انفرادی ملاقاتوں سے لے کر تبلیغی دورے اور ملکی بین الاقومی کانفرنسیں ... ہر جگہ انہوں نے دعوت کا کام انجام دیا۔ فرانس میں وہ صرف شمالی افریقہ کے مسلمانوں کا ہی مرجع نہ تھے بلکہ فرانسیسی مسلمانوں کا بھی ایک حلقہ ان کے گرد قائم تھا۔ طلبہ اور نوجوانوں میں وہ بے حد مقبول تھے۔ وہ ان کو وقت دینے میں بے پناہ فراخ دل تھے۔

ڈاکٹر حمید اللہ سیاسی آدمی نہ تھے۔ اربابِ حکومت نے ان کو قریب لانے کی کوشش کی لیکن وہ ہمیشہ ان سے کنارہ کش رہے۔ علمی و ادبی اعزازات نے ان کا پیچھا کیا لیکن وہ ہمیشہ ان سے دامن کش رہے۔ مجھے علم ہے کہ فیصل ایوارڈ میں ان کا نام آیا لیکن انہوں نے معذرت کرلی۔ پاکستان نے ہجری ایوارڈ ان کو پیش کیا مگر انہوں نے رسمی طور پر قبول کرنا پسند نہ کیا اور رقم اسلامک یونیورسٹی کے لئے وقف کر دی۔ سیاسی نہ ہوتے ہوئے بھی ان کی دینی حس اتنی بیدار تھی کہ آزاد حیدر آباد دکن سے یورپ جانے کے بعد مقبوضہ حیدر آباد دکن کبھی واپس نہ آئے بلکہ جب میں نے اصرار کیا کہ اسلامک فاؤنڈیشن، لسٹر کے پروگرام میں شریک ہوں تو بڑے کھلے دل سے کہا کہ میں اس

انگلستان کی سرزمین پر قدم رکھنا پسند نہیں کرتا جس نے میرے آزاد ملک کو بھارت کی غلامی میں دے دیا۔ وہ کبھی برطانیہ نہ آئے!!

ڈاکٹر حمید اللہ اس وقت تک تصنیف و تالیف اور تحریر و تقریر میں مصروف رہے جب تک قویٰ نے ساتھ دیا۔ جب بیماریوں نے اس طرح آلیا کہ یہ کام جاری نہ رکھ سکے تو اپنی جان سے قیمتی لائبریری علمی کاموں کے لئے وقف کر دی اور خود امریکہ میں اپنے عزیزوں کے پاس چلے گئے۔ جب مجھے ایک اعلیٰ پاکستانی افسر اور سید حسین نصر کے توسط سے ان کی اس حالت کا علم ہوا تو میں نے کوشش کی کہ وہ پاکستان تشریف لے آئیں اور اس سلسلے میں صدرِ مملکت کو میں نے ایک خط بھی لکھا جس کا مثبت جواب ملا۔ لیکن ڈاکٹر صاحب نے اپنے اعزہ کی پیشکش کو ترجیح دی اور فلوریڈا منتقل ہو گئے۔ افسوس پاکستان ان کے اس آخری دور میں ان کی خدمت کی سعادت سے محروم رہا۔ ۲۰۰۲ء کے دسمبر کے تیسرے ہفتے میں ایک صدی (۹۵ سال) اس عالم ناپائیدار میں گزار کر، علم و دعوت کی سینکڑوں شمعیں روشن کر کے، اللہ کا یہ بندہ اپنے ربّ کی طرف مراجعت کر گیا تا کہ عبادالرحمن کے اَبدی مسکن کو پالے۔ اللہ تعالیٰ ان کی خدمات کو قبول فرمائے، ان کی بشری لغزشوں سے صرفِ نظر کرے اور انہیں جنت کی بہترین وادیوں میں جگہ دے!

ع آسماں تیری لحد پر شبنم افشانی کرے!

٭٭٭

## ٦

# شیخ الحدیث مولانا محمد اسمٰعیل سلفیؒ

## عبدالرشید عراقی

جن لوگوں نے دنیا میں علمی، دینی، ملی اور سیاسی کارنامے انجام دیئے۔ ان کا نام تاریخ کے صفحات میں ہمیشہ کے لئے رقم ہو جاتا ہے اور ان کی یاد دلوں سے محو نہیں ہوتی اور جب ایسے لوگ دنیا سے رِحلت کر جاتے ہیں تو لوگ ان کی یاد میں آنسو بہاتے ہیں اوران کے کارناموں کو مجلسوں اور محفلوں میں بیان کرتے اور انہیں خراجِ تحسین پیش کرتے ہیں۔ ایسے ہی لوگوں کے بارے میں مشہور ادیب اور صاحبِ قلم جناب نعیم صدیقی لکھتے ہیں:

"آدمی کا مرنا اس آسمان کے نیچے کوئی غیر معمولی واقعہ نہیں، کوئی اچھنبے کی بات نہیں۔ بچے مرتے ہیں، جوان مرتے ہیں اور بوڑھے مرتے ہیں۔ موت ہر شہر، قصبے اور گاؤں میں ہر آن زندگی کے ہاتھوں سے خراج وصول کرتی ملتی ہے ع گلشن ہستی میں مانندِ نسیم ارزاں ہے موت۔ لیکن کئی طرح کے جینے والے اور کئی قسموں کے مرنے والے ہیں۔ زندگی کے ڈھنگ ہی گونا گوں ہیں اور موت کے انداز بھی رنگارنگ ہیں۔ ایک وہ لوگ ہوتے ہیں جو زمانے سے زندگی کی بھیک مانگتے ہیں اور بھیک مانگتے ختم ہو جاتے ہیں۔ جو زمانے سے لڑتے لڑتے موت کی آنکھوں میں آنکھیں ڈال کر زندگی

گزارتے ہیں اور جب مرتے ہیں تو اس شان سے مرتے ہیں کہ زندہ تر ہو جاتے ہیں۔ پہلی قسم کے لوگ کیڑے مکوڑوں کی طرح مرتے ہیں اور تاریخ کا کارواں انہیں نظر انداز کر کے آگے بڑھ جاتا ہے۔ دوسری قسم کے لوگ اپنے نفس کو تلوار بنا کر کسی اصول و مقصد کے لئے جہاد کرتے ہیں۔ قوتوں کا سارا خزانہ نچوڑ دینے کے بعد سقراط کی طرح موت کے زہر کا پیالہ ہنستے مسکراتے پیتے ہیں اور سچائی کے محاذ پر دم توڑتے ہیں۔ تاریخ ان کے کارناموں کی میراث دامن میں سمیٹتی ہے۔ ان کی عظیم روحوں کے مزار اپنے سینوں میں بناتی ہے اور ان کی یادوں کے داغ دل میں لئے وقت کی وادیوں میں ارتقا کے مراحل طے کرتی ہے اور داغوں کے یہ دیے قیامت تک اُجالا کرتے ہیں."

پروفیسر رشید احمد صدیقی اپنی کتاب 'گنج ہائے گراں مایہ' میں لکھتے ہیں:

"موت سے کسی کو مفر نہیں لیکن جو لوگ ملی مقاصد کی تائید و حصول میں تادمِ آخر کام کرتے رہتے ہیں، وہ کتنی ہی طویل عمر کیوں نہ پائیں۔ ان کی وفات قبل از وقت اور تکلیف دہ محسوس ہوتی ہے۔"

مولانا محمد اسمٰعیل سلفی پر یہ جملہ مکمل طور پر صادق آتا ہے جنہوں نے ۲۰/ فروری ۱۹۶۸ء کو گوجرانوالہ میں انتقال کیا۔ شیخ الحدیث مولانا محمد اسمٰعیل سلفی اپنے دم میں ایک عہد تھے۔ وہ اپنی ذات سے خود ایک انجمن اور ادارہ تھے۔ مرحوم ملتِ بیضا کی شمع تھے۔ ان کے رخصت ہونے سے ایک روشن چراغ گل ہوا اور اندھیرا بڑھ گیا۔ ان کے دم قدم سے دنیائے علم و ادب میں جو رونق تھی، وہ سونی پڑ گئی۔

علم و فضل:

مولانا محمد اسمٰعیل سلفی علومِ اسلامیہ کا بحر ذخار تھے۔ تمام علوم یعنی تفسیر، حدیث، فقہ، اُصول فقہ، تاریخ و سیر، اسماء الرجال، ادب و لغت میں یکتا تھے۔ ٹھوس اور قیمتی

مطالعہ ان کا سرمایۂ علم تھا۔ تفسیر و حدیث اور فقہ و تاریخ پر ان کا مطالعہ گہرا تھا۔ عربی ادب کا بڑا ستھرا اور عمدہ ذوق رکھتے تھے۔ وہ ایک جید عالم دین، فقیہ، مصنف اور مدرّس و خطیب تھے۔

ذاتی خصوصیات:

مولانا سلفی مرحوم قدرت کی طرف سے بڑے اچھے دل و دماغ لے کر پیدا ہوئے تھے۔ ذہن و ذکاوت کے ساتھ قوتِ حافظہ بھی قوی تھا۔ جو کتاب ایک دفعہ نظر سے گزر گئی، حافظہ میں محفوظ ہو جاتی تھی۔ مطالعہ کے بہت زیادہ شوقین تھے۔ مرحوم نے ٹھوس اور تحقیقی مطالعہ کا ذوق اپنے استاد مولانا سید عبد الغفور غزنویؒ سے پایا تھا۔

مولانا سلفیؒ تحریر و تقریر کے میدان کے کامیاب شہسوار تھے۔ زبان و قلم میں بلا کی شگفتگی و دلآویزی تھی۔ آپ کی تقریروں میں علم و روحانیت، فکر و بصیرت اور تحقیق و کاوش کے جوہروں کے ساتھ ساتھ ادب کی چاشنی اور اُسلوب کی دلآویزی چمکتی اور دمکتی نظر آتی تھی۔ یہ حقیقت ہے کہ مولانا سلفی مرحوم کو قدرت نے نثر نگاری کا جتنا صاف ستھرا ذوق دیا تھا، اس کی مثال ان کے دور کے علما میں کم ہی نظر آتی ہے۔

مولانا سلفی مرحوم ایک کامیاب مدرّس بھی تھے۔ بلاشبہ تاریخ میں ایسے بے لوث، تعمیر پسند اور دوسروں کو ہر قدم اور ہر موڑ پر سہارا دینے والے کم ہی لوگ نظر آتے ہیں۔ نہ جانے ان کے کتنے شاگرد ہیں جو ان کی حوصلہ افزائی اور تعاون کی بدولت صاحبِ قلم، صاحبِ تصنیف اور علمی و ادبی دنیا میں شہرت و عظمت کے حامل ہو گئے۔

اخلاق و عادات

مولانا سلفی مرحوم ایک کریم النفس اور شریف الطبع انسان تھے۔ اپنے پہلو میں ایک دردمند دل رکھتے تھے۔ دوستوں کے دکھ درد میں شریک ہوتے تھے۔ ان کی راحت

و تکلیف کا خیال رکھتے۔ وہ بہت زیادہ خوددار بھی تھے۔ عفاف اور استغنا کا دامن کبھی ہاتھ سے نہ چھوٹا۔ طبیعت میں قناعت تھی۔ جاہ و ریاست کے طالب نہ تھے۔ کریمانہ اخلاق اور ستودہ صفات کے حامل تھے۔

مولانا سلفی مرحوم اصلی معنوں میں انسانی اُخوت اور خدمتِ خلق کا بہترین مجسمہ اور نکھرا ہوا نمونہ تھے۔ ان کی عظمت کا سب سے جدا اور منفرد پہلو یہ تھا کہ ان سے گفتگو کرتے وقت متکلم کو اپنی بڑائی اور عظمت کا احساس ہونے لگتا تھا۔ وہ ہر ایک سے محبت سے ملتے۔ سب کا دکھ درد سنتے اور اپنی استطاعت کی حد تک پریشانی دور کرنے کی کوشش بھی فرماتے۔ مولانا سلفی بہت سادہ لباس استعمال کرتے تھے۔ گرمیوں میں عموماً تہبند استعمال کرتے تھے۔ مولانا محمد اسحاق بھٹی لکھتے ہیں کہ

"ایک دفعہ مولانا محمد اسمٰعیل سلفی جمعیت اہل حدیث پاکستان کے اجلاس میں تہبند باندھ کر شریک ہوئے تو مولانا سید داود غزنوی کو ناگوار گزرا اور مولانا محمد اسمٰعیل سے مخاطب ہو کر فرمایا: میں بحیثیت امیر حکم دیتا ہوں کہ آئندہ کوئی رکن مجلس تہبند باندھ کر نہ آئیں۔ شلوار پہن کر میٹنگ میں شریک ہوں۔"

حدیثِ نبوی سے شغف

مولانا سلفی مرحوم کو حدیثِ نبوی سے بہت زیادہ محبت تھی اور حدیثِ رسول اللہ صلی اللہ علیہ وسلم کے معاملہ میں معمولی سی مداہنت بھی برداشت نہیں کرتے تھے۔ مولانا محمد عطاء اللہ حنیفؒ نے کئی بار مجھ سے فرمایا کہ

"جماعت اہل حدیث میں شیخ الاسلام مولانا ابوالوفاء ثناء اللہ امرتسریؒ اور شیخ الحدیث مولانا محمد اسمٰعیل سلفیؒ کو یہ شرف حاصل ہے کہ حدیث کے معاملہ میں معمولی سی مداہنت بھی برداشت نہیں کرتے تھے۔ جب بھی کوئی مضمون یا کتاب ایسی شائع ہوتی

جس میں حدیثِ رسول اللہ صلی اللہ علیہ وسلم پر تنقید ہوتی تو یہ دونوں حضرات اس کا فوراً نوٹس لیتے۔ مولانا ثناء اللہ مرحوم اخبارِ اہلحدیث، امرتسر میں فوراً جواب دیتے اور مولانا سلفی مرحوم بھی پہلے اخبارِ اہلحدیث امرتسر میں لکھتے رہے اور قیامِ پاکستان کے بعد 'الاعتصام' لاہور میں ان کے بے شمار مضامین حدیث کی مدافعت و نصرت و تائید میں شائع ہوتے رہے ہیں اور مجھے پختہ یقین ہے کہ اللہ تعالیٰ ان دونوں علمائے کرام کو حدیث نبوی کی مدافعت اور نصرت میں اجرِ عظیم عطا کرے گا۔" مولانا عطاء اللہ حنیف مرحوم یہ بھی فرمایا کرتے تھے کہ

"خاکسار بھی حدیث کے معاملہ میں کسی قسم کی مداہنت برداشت نہیں کر سکتا جب بھی کوئی مضمون حدیث کی تنقیص میں شائع ہوتا ہے تو فوراً اس کا جواب الاعتصام میں شائع کرتا ہوں۔ میرے علاوہ حافظ عبدالقادر روپڑیؒ کو بھی یہ شرف حاصل ہے کہ وہ حدیث کے معاملہ میں بہت زیادہ متشدد اور سخت ہیں۔ جب کوئی مضمون حدیث کے خلاف ان کی نظر سے گزرتا ہے تو تحریر و تقریر کے ذریعہ دلائل سے جواب دیتے ہیں اور حدیث کے مخالفین کو مناظرہ کا چیلنج دیتے ہیں۔"

مولانا اسمٰعیل سلفی مرحوم کی تمام تصانیف حدیثِ نبوی کی تائید و حمایت میں ہیں، جن کا تعارف آگے آ رہا ہے۔

سیاسی خدمات

مولانا محمد اسمٰعیل سلفی ایک جید عالم دین، مفتی، مدرّس اور خطیب و مقرر تھے۔ مفسر قرآن تھے، محدث تھے، موٴرّخ، نقاد اور محقق تھے اور اس کے ساتھ اللہ تعالیٰ نے ان کو سیاسی بصیرت بھی عطا کی تھی۔ تحریک استخلاصِ وطن میں ان کی خدمات قدر کے قابل ہیں۔ برصغیر کی آزادی سے قبل ان کی جوانی علم دین حاصل کرنے اور انگریزوں

سے وطن عزیز کو آزاد کرانے میں گزری۔ آزادی کی لڑائی انہوں نے کانگرس کے پلیٹ فارم سے لڑی۔ وہ مولانا ابوالکلام آزاد، مولانا سید محمد داود غزنوی اور دوسرے کانگرسی مجاہدین آزادی کے شانہ بشانہ ہوکر آزادئ وطن کے لئے لڑتے رہے اور کئی بار اسیر زنداں ہوئے۔

قیامِ پاکستان کے بعد پاکستان میں اسلامی نظام کے نفاذ کے سلسلہ میں کوشاں رہے اور تحریر و تقریر کے ذریعہ حکومتِ پاکستان کی توجہ اس طرف مبذول کراتے رہے کہ یہ ملک اسلام کے نام پر حاصل کیا گیا ہے، اس میں کتاب و سنت کو نافذ اور رائج کیا جائے۔

۱۹۵۳ء کی قادیانی تحریک:

۱۹۵۳ء میں قادیانیوں کے خلاف تحریک چلائی گئی کہ ان کو غیر مسلم اقلیت قرار دیا جائے۔ حکومت نے علمائے کرام پر بہت سختیاں کیں۔ لاہور میں مارشل لاء نافذ کر دیا گیا اور علمائے کرام کو جیلوں میں بند کر دیا گیا۔ مولانا محمد اسمٰعیل سلفی کو بھی گرفتار کر کے گوجرانوالہ جیل میں بند کر دیا گیا۔ اس وقت تو حکومت نے قادیانیوں کو اقلیت قرار نہ دیا لیکن ۱۹۷۷ء میں ذوالفقار علی بھٹو جو اس وقت پاکستان کے وزیر اعظم تھے، نے قادیانیوں کو اقلیت قرار دے دیا۔

اسلامی آئین کی تشکیل کے لئے علما کا بورڈ:

۱۹۵۲ء میں حکومتِ پاکستان نے علامہ سید سلیمان ندوی کی سربراہی میں ۳۱ علمائے کرام پر مشتمل ایک بورڈ بنایا کہ وہ ملک میں اسلامی نظام کے نفاذ کے سلسلہ میں حکومت کو تجاویز اور سفارشات پیش کریں۔ شیخ الحدیث مولانا محمد اسمٰعیل سلفی اس بورڈ کے رکن تھے۔

جماعتی خدمات

مولانا محمد اسمٰعیل سلفی نے جماعتِ اہلحدیث کو منظم اور فعال بنانے میں جو گرانقدر خدمات سرانجام دیں، اس کی مثال تاریخ اہلحدیث میں ملنی مشکل ہے۔ مولانا محمد اسمٰعیل سلفی نے جماعت اہلحدیث سے جو رشتہ جوڑا، وہ روز بروز مضبوط سے مضبوط تر ہوتا گیا۔ ۱۹۲۰ء میں انجمن اہلحدیث پنجاب کا قیام عمل میں آیا۔ اس کے صدر مولانا عبدالقادر قصوری اور ناظم اعلیٰ مولانا ثناء اللہ امرتسری کو بنایا گیا اور مجلس عاملہ کے ارکان درج ذیل علمائے کرام تھے:

مولانا سید محمد داؤد غزنوی، مولانا محمد ابراہیم میر سیالکوٹی، مولانا قاضی محمد سلیمان منصورپوری، مولانا محمد اسمٰعیل سلفی، مولانا قاضی عبدالرحیم، مولانا محمد علی لکھوی اور حکیم نور الدین۔

مولانا محمد اسمٰعیل سلفی آل انڈیا اہلحدیث کانفرنس کی مجلس عاملہ کے رکن بھی رہے ہیں۔ قیامِ پاکستان کے بعد مولانا سید محمد داود غزنوی کی سعی سے مغربی پاکستان میں جمعیتِ اہلحدیث کا قیام عمل میں آیا۔ ۲۴/ جولائی ۱۹۴۸ء کو تقویۃ الاسلام شیش محل روڈ لاہور میں علمائے اہلحدیث کا ایک اجلاس مولانا محمد ابراہیم میر سیالکوٹی کی صدارت میں منعقد ہوا، جس میں اس وقت تین عہدے دار منتخب کئے گئے

صدر: مولانا سید محمد [redacted] د غزنوی ناظم اعلیٰ: پروفیسر عبدالقیوم ناظم مالیات: میاں عبدالمجید

اور مجلس عاملہ کے ارکان درج ذیل علماء کو بنایا گیا:

مولانا محمد ابراہیم میر سیالکوٹی، مولانا حافظ محمد گوندلوی، مولانا محمد اسمٰعیل سلفی، مولانا محمد حنیف ندوی، مولانا عطاء اللہ حنیف، مولانا محی الدین احمد قصوری، مولانا محمد علی قصوری، مولانا حافظ عبداللہ روپڑی، مولانا سید اسمٰعیل غزنوی، مولانا معین الدین لکھوی

اور حاجی محمد اسحٰق حنیف امر تسری۔

اپریل ۱۹۴۹ء میں پروفیسر عبد القیوم نے نظامتِ اعلیٰ سے استعفیٰ دے دیا توان کی جگہ مولانا محمد اسمٰعیل سلفی کو ناظم اعلیٰ بنایا گیا۔ آپ ۱۶/ دسمبر ۱۹۶۳ء تک جمعیتِ اہلحدیث مغربی پاکستان کے ناظم اعلیٰ رہے۔ ۱۶/ دسمبر ۱۹۶۳ء کو مولانا سید محمد داود غزنوی نے انتقال کیا تو مولانا محمد اسمٰعیل سلفی کو امیر منتخب کیا گیا اور پروفیسر سید ابو بکر غزنوی کو ناظم اعلیٰ بنایا گیا۔ مولانا محمد اسمٰعیل اپنے انتقال ۲۰/ فروری ۱۹۶۸ء تک جمعیت اہلحدیث کے امیر رہے۔

جامعہ سلفیہ، فیصل آباد کا قیام:

آپ کے دورِ نظامت میں اپریل ۱۹۵۵ء کی لائل پور کانفرنس میں جامعہ سلفیہ کا قیام عمل میں آیا۔ ابتدا میں جامعہ سلفیہ میں تعلیم کا آغاز تقویۃ الاسلام، شیش محل روڈ لاہور میں ہوا اور یکم جون ۱۹۵۶ء کے 'الاعتصام' میں جامعہ سلفیہ کا نصاب شائع کیا گیا۔ جس کے لئے مولانا سید محمد داؤد غزنوی کو علومِ قرآن، مولانا محمد اسمٰعیل سلفی کو اصولِ حدیث، مولانا محمد عطاء اللہ حنیف کو حدیث، مولانا محمد حنیف ندوی کو عربی ادبیات، نظم و نثر اور مولانا شریف اللہ خان کو علومِ فقہیہ و کلامیہ کی تدریس کی ذمہ داریاں دی گئیں۔

۲۲ جون ۱۹۵۶ء کو لائل پور (فیصل آباد) کی جامع مسجد اہلحدیث امین پور بازار میں جامعہ سلفیہ کے ثانوی درجے کا افتتاح کیا گیا۔ ۲۲ جون کو جمعہ تھا۔ جمعہ کا خطبہ مولانا سید محمد داؤد غزنوی نے ارشاد فرمایا۔ مولانا غزنوی نے اپنے خطبہ جمعہ میں لاہور میں تدریس کے آغاز کا ذکر فرمایا اور جامعہ سلفیہ کے محل و قوع میں تعلیم کے سلسلہ کو باقاعدہ کرنے کی راہ میں جو مشکلات حائل تھیں، ان کی تفصیل بیان فرمائی۔

فیصل آباد میں مولانا عبد اللہ دہر والوی کا مدرسہ دار القرآن والحدیث جاری تھا۔

مولانا سید محمد داؤد غزنوی اور مولانا محمد اسمٰعیل سلفی کی خواہش تھی کہ مولانا عبد اللہ اپنے مدرسہ کو جامعہ سلفیہ میں مدغم کر دیں لیکن وہ اس پر رضامند نہ ہوئے۔ مولانا سید محمد داؤد غزنوی اور مولانا محمد اسمٰعیل سلفی ۸/ جولائی ۱۹۵۶ء کو فیصل آباد تشریف لے گئے۔ مولانا عبد اللہ سے تفصیلی گفتگو ہوئی لیکن وہ رضامند نہ ہوئے۔

مولانا سید داؤد غزنوی اور مولانا محمد اسمٰعیل نے حاضرین سے خطاب کیا۔ مولانا محمد اسمٰعیل نے اپنی تقریر میں جماعت اہلحدیث کی تاریخ اور اس کے مسلک کی وضاحت کی اور اس کے ساتھ جامعہ سلفیہ کے قیام اور اہلحدیث مدارس کے طریق تعلیم اور نصابِ تعلیم پر روشنی ڈالی۔ مولانا سلفی مرحوم نے نصابِ تعلیم کے بارے میں فرمایا:

"ہمارے مدارس کے ناقص نصابِ تعلیم اور جماعت بندی کے فقدان نے طلبا کے تعلیمی معیار کو اس بری طرح گرا دیا ہے کہ اچھے اور مستعد طلبا کا ملنا بے حد دشوار ہو گیا ہے۔ یہ صورتِ حال اس وقت سامنے آئی جب ہم نے جامعہ سلفیہ کے درجہ تکمیل کے لئے طلبا سے درخواستیں طلب کیں۔ ان سے انٹرویو میں معمولی سوالات کئے، تو ان کی اکثریت ان کے صحیح طور سے جواب نہ دے سکی۔ وہ سب اپنے اپنے مدارس کے فارغ التحصیل طالب علم تھے۔ لیکن ان کی حالت یہ تھی کہ صحاحِ ستہ تو پڑھی ہیں لیکن اُصول فقہ میں اُصولِ شاشی تک نہیں پڑھی۔ منطق میں مرقاۃ تک کا علم نہیں، ویسے وہ فارغ التحصیل ہیں۔ اردو کے ایک معمولی جملے کا عربی میں ترجمہ نہیں کر سکتے۔ ہم صرف تین طالب علم درجہ تکمیل میں داخل کر سکے ہیں۔ کئی درخواستیں مسترد کر دی گئیں اور ۹ طالب علم اس شرط پر رکھے گئے کہ وہ ایک سال میں درجہ خاص (سپیشل کلاس) میں تعلیم حاصل کریں گے اور جن علوم کی کمی ہے اسے پورا کریں گے تا کہ آئندہ سال درجہ تکمیل میں داخل ہو سکیں۔"

مولانا محمد اسمٰعیل سلفی جامعہ سلفیہ کمیٹی کے رکن بھی تھے۔ صدر مولانا سید محمد داؤد غزنوی تھے۔ مولانا سلفی ناظم تعلیمات بھی رہے ہیں۔

مولانا سلفی کے علم و فضل کا اعتراف

مولانا محمد اسمٰعیل سلفی علم و فضل کے اعتبار سے جامع الکمالات تھے۔ بڑے حساس، ذہین، فطین اور شگفتہ مزاج تھے۔ ایک وسیع النظر عالم دین اور صاحبِ فکر و بصیرت انسان تھے۔ آپ کا تدبر و تفکر، سیاسی سوجھ بوجھ، معاملہ فہمی، شرافتِ نفس، ذکاوتِ حس، اخلاص، صبر و ضبط، اور استقلال و بسالتکا سکہ مخالف و موافق سبھی تسلیم کرنے پر مجبور تھے۔ مولانا سلفی مرحوم جدید و قدیم کے درمیان ایک پل کی حیثیت رکھتے تھے اور اپنی خصوصیات، اوصاف اور کمالات کی بنا پر اپنے معاصرین میں ایک نمایاں اور ممتاز مقام کے مالک تھے۔

مشہور دیوبندی عالم مولانا محمد علی کاندھلوی مرحوم نے ایک دفعہ راقم سے فرمایا کہ میں ۱۹۵۳ء کی قادیانی تحریک میں گوجرانوالہ جیل میں نظر بند تھا۔ مولانا محمد اسمٰعیل سلفی مرحوم بھی میرے ساتھ نظر بند تھے اور ان کے سوہدرہ کے مولانا عبدالمجید خادم اور حکیم عنائت اللہ نسیم سوہدروی بھی ہمارے ساتھ تھے۔ میں نے ایک دن مولانا محمد اسمٰعیل سلفی مرحوم سے عرض کیا کہ آپ یہاں جیل میں 'حجۃ اللہ البالغہ' کا درس دیا کریں۔ مولانا سلفی مرحوم نے میری اس درخواست کو شرفِ قبولیت بخشا۔ چنانچہ آپ نے گھر سے حجۃ اللہ البالغہ منگوائی اور دوسرے دن 'حجۃ اللہ البالغہ' کا درس شروع کردیا۔ مولانا محمد علی کاندھلوی نے فرمایا:

"میں نے حجۃ اللہ البالغہ مولانا شبیر احمد عثمانی سے پڑھی تھی، اور میرا یقین تھا کہ جس طرح مولانا عثمانی مرحوم 'حجۃ اللہ البالغہ' کا درس دیتے ہیں، ان جیسا کوئی دوسرا عالم

درس نہیں دے سکتا۔ لیکن جب مولانا محمد اسمٰعیل سلفی کا درس سنا تو مجھے اپنی رائے تبدیل کرنی پڑی۔ مولانا سلفی جس انداز سے حجۃ اللہ البالغہ کے مسائل کی تشریح فرماتے تھے۔ اس طرح کوئی دوسرا مدرّس تشریح نہیں کر سکتا تھا اور اس وقت میرا یقین پختہ ہو گیا کہ مولانا محمد اسمٰعیل سلفی ایک جید عالم دین ہیں۔ علومِ اسلامیہ پر ان کی نظر وسیع ہے اور جماعت اہلحدیث کے ایک قیمتی سرمایہ ہیں۔"

سید سلیمان ندوی سے تعلقات

مولانا محمد اسمٰعیل سلفی کے علامہ سید سلیمان ندوی سے دوستانہ تعلقات تھے۔ سید صاحب مولانا سلفی مرحوم کے علم و فضل کے معترف تھے۔ خط و کتابت اور مراسلت کا سلسلہ جاری رہتا تھا اور سید صاحب مولانا مرحوم کی بہت قدر کرتے تھے۔ مولانا محمد حنیف ندوی مرحوم اور مولانا عبد القادر ندوی صدر جامعہ تعلیم الاسلام ماموں کانجن کو مولانا سلفی کی سفارش پر سید صاحب نے ندوۃ العلماء لکھنؤ میں داخلہ دیا تھا۔ اپریل ۱۹۳۳ء میں جب سید صاحب لاہور تشریف لائے اور ادارۂ معارفِ اسلامیہ کے اجلاس میں شرکت فرمائی تو اجلاس کے اختتام پر سید صاحب گوجرانوالہ تشریف بھی لے گئے۔ گوجرانوالہ میں آپ مولانا محمد اسمٰعیل سلفی اور مولانا محمد چراغ مرحوم سے بھی ملے۔ سید صاحب نے اس کا ذکر معارف اعظم گڑھ میں کیا ہے۔

علمائے سلف سے محبت

مصلحین اُمت میں امام احمد بن حنبل، امام ابن حجر عسقلانی، امام ابن تیمیہ، امام ابن قیم، شاہ ولی اللہ، سید احمد شہید، مولانا شاہ اسمٰعیل شہید اور امام محمد بن عبد الوہاب رحمہم اللہ اجمعین سے والہانہ عقیدت رکھتے تھے۔ ان حضرات کی تصانیف کا مطالعہ بڑے ذوق و شوق سے کرتے تھے اور اپنے تلامذہ کو بھی ان کی تصانیف کے مطالعہ کی ترغیب دیتے

تھے۔

علمائے اہلحدیث میں شیخ الکل مولانا سید محمد نذیر حسین دہلوی، مولانا حافظ عبد اللہ غازی پوری، مولانا شمس الحق عظیم آبادی، مولانا سید نواب صدیق حسن خان، مولانا عبد الرحمن مبارکپوری، مولانا قاضی احمد سلیمان منصور پوری، مولانا عبد العزیز رحیم آبادی، مولانا ابو الوفاء ثناء اللہ امر تسری، مولانا سید عبد الجبار غزنوی، مولانا محمد ابراہیم میر سیالکوٹی، مولانا سید محمد داؤد غزنوی، مولانا حافظ عبد اللہ روپڑی اور مولانا حافظ محمد گوندلوی رحمہم اللہ اجمعین سے انہیں والہانہ عقیدت تھی اور ان کے علم و فضل کے معترف تھے۔

کتب خانہ

مولانا محمد اسمٰعیل سلفی کا کتب خانہ انفرادی کتب خانوں میں بہت بڑا کتب خانہ تھا اور ہر موضوع سے متعلق عمدہ کتابوں کا ذخیرہ ان کے کتب خانہ میں موجود تھا۔ ان کے پاس تفسیر، حدیث، شروح، فقہ، اُصولِ فقہ، اُصولِ حدیث، تاریخ و سیر، اسماء الرجال اور فنون کی تمام کتابیں موجود تھیں۔ اُردو کتابوں کا بھی کافی ذخیرہ تھا۔ اردو کے علمی رسائل واخبارات کے کئی فائل ان کے کتب خانہ میں موجود تھے۔ علم حدیث اور علم فقہ سے ان کو خاص دلچسپی تھی۔ حدیث کی کتابوں کی کافی شروح ان کے کتب خانہ میں موجود تھیں اور اس کے علاوہ چاروں فقہ (حنفی، مالکی، شافعی، حنبلی) اور فقہ جعفریہ کی کتابیں بھی ان کے پاس موجود تھیں۔ فتاویٰ پر بھی ان کے پاس کافی کتابیں تھیں۔ وہ ہر موضوع سے متعلق تمام کتابوں کا باقاعدہ مطالعہ کرتے تھے اور اہم مقامات پر نوٹ لکھتے۔

سوانح حیات

شیخ الحدیث مولانا محمد اسمٰعیل سلفی ۱۸۹۵ء میں تحصیل وزیر آباد کے قصبہ 'ڈھونیکی'

میں پیدا ہوئے۔ آپ کے والد کا نام مولانا حکیم محمد ابراہیم تھا۔ جو جید عالم دین، حاذق طبیب ہونے کے ساتھ ساتھ اعلیٰ پایہ کے خوشنویس بھی تھے۔ آپ عرصہ تک مولانا ابوسعید محمد حسین بٹالوی کا رسالہ 'اشاعۃ السنۃ' کتابت کرتے رہے۔ اس کے علاوہ آپ نے امام حدیث مولانا عبدالرحمن محدث مبارکپوری کی مشہور کتاب 'تحفۃ الاحوذی شرح جامع ترمذی' جو چار جلدوں میں ہے کی کتابت بھی کی۔ تحفۃ الاحوذی کے ٹائیٹل پر یہ عبارت درج ہے: کتبہ محمد ابراہیم: موضع ڈھونیکی، تحصیل وزیر آباد، ضلع گوجرانوالہ

مولانا محمد اسمٰعیل نے ابتدائی تعلیم اپنے والد مولانا حکیم محمد ابراہیم سے حاصل کی۔ اس کے بعد آپ دارالحدیث وزیر آباد تشریف لے آئے۔ دارالحدیث وزیر آباد میں استادِ پنجاب شیخ الحدیث مولانا حافظ عبدالمنان محدث وزیر آبادی توحید و سنت کی اشاعت میں سرگرمِ عمل تھے۔ استادِ پنجاب کے علاوہ اس مدرسہ میں مولوی عمر الدین وزیر آبادی اور استادِ پنجاب کے صاحبزادہ مولوی عبدالستار مرحوم بھی مدرّس تھے اور ایک مدرّس مولوی تاج الدین بھی تھے۔

مولانا محمد اسمٰعیل نے صرف و نحو کی کتابیں مولوی تاج الدین سے پڑھیں۔ مولوی عمر الدین سے فارسی کتابیں گلستان، بوستان وغیرہ پڑھیں اور مولوی عبدالستار صاحب سے سنن نسائی کا رُبع اوّل پڑھا اور استادِ پنجاب سے جملہ علوم و فنون، قرآن و حدیث، فقہ و اصول فقہ، عربی ادب، منطق و فلسفہ اور عقائد و کلام میں استفادہ کیا۔

وزیر آباد میں تعلیم مکمل کرنے کے بعد مولانا محمد اسمٰعیل دہلی تشریف لے گئے۔ دہلی ان دنوں علم و فن کا مرکز تھا۔ یہاں پر شاہ ولی اللہ دہلوی اور ان کی تحریکِ علمی کے گہرے نقوش تھے۔ آپ نے مدرسہ امینیہ، دہلی میں داخلہ لیا اور مولانا محمد قاسم سے فقہ کے اسباق پڑھے، لیکن عامل بالحدیث ہونے کی وجہ سے جلد ہی مدرسہ سے خارج کر دیئے

گئے۔ اس کے بعد آپ نے مدرسہ دارالکتاب والسنۃ، صدر بازار دہلی کا رخ کیا، جہاں مولانا عبدالوہاب ملتانی صدر مدرّس تھے اور مولانا عبدالرحمن ولایتی مدرّس تھے۔ مولانا عبدالرحمن ولایتی بلند پایہ عالم دین، محدث اور فقیہ تھے۔ شیخ الکل مولانا سید محمد نذیر حسین دہلویؒ کے ارشد تلامذہ میں سے تھے۔ ان سے مولانا محمد اسمٰعیل نے حدیث اور معقولات کی کتابیں پڑھیں اور اس کے بعد مولانا عبدالجبار عمرپوریؒ (جدِامجد مولانا عبدالغفار حسن) سے تفسیر ابن کثیر اور تفسیر فتح البیان کے بعض اجزا پڑھے۔ مولانا عبدالجبار ان دنوں مکفوف البصر (نابینا) ہو گئے تھے۔

اس کے بعد مولانا محمد اسمٰعیل واپس وطن وزیر آباد تشریف لے آئے اور دوبارہ استادِ پنجاب کی خدمت میں حاضر ہو کر تفسیر و حدیث کی سند حاصل کی۔ اور اس کے بعد دوبارہ دہلی تشریف لے گئے۔ اس زمانہ میں عالمی جنگ زوروں پر تھی۔ دہلی کے حالات کافی حد تک خراب تھے، جس کی وجہ سے مولانا محمد اسمٰعیل اپنے سبق صحیح طور پر شروع نہ کر سکے۔ ان دنوں استاذالاساتذہ مولانا حافظ عبداللہ محدث غازی پوری دہلی میں قیام فرما تھے۔ مولانا محمد اسمٰعیل ان کی خدمت میں حاضر ہوئے اوران کے درسِ قرآن سے مستفیض ہوتے رہے۔

دہلی میں حالات چونکہ خراب تھے۔ اس لئے مولانا محمد اسمٰعیل دہلی سے امرتسر تشریف لے آئے۔ امرتسر بھی ان دنوں علم و فن کا مرکز تھا۔ حضرت مولانا عبداللہ غزنویؒ نے مدرسہ غزنویہ کے نام سے ایک دینی درسگاہ قائم کی تھی جس میں مولانا سید عبداللہ غزنوی اپنی زندگی میں قرآن و حدیث کا درس دیتے رہے۔ ان کے انتقال کے بعد ان کے صاحبزادگان مولانا عبداللہ بن عبداللہ غزنوی، مولانا محمد بن عبداللہ غزنوی اور مولانا سید عبدالجبار غزنوی رحمہم اللہ اجمعین اس مدرسہ میں قرآن و حدیث کا درس دیتے

رہے۔

مولانا محمد اسمٰعیل جب امر تسر تشریف لائے تو اس وقت مولانا عبدالرحیم بن مولانا سید عبداللہ غزنوی، مولانا عبدالغفور بن مولانا محمد بن عبداللہ غزنوی اور مولانا محمد حسین ہزاروی داماد مولانا عبدالجبار غزنوی مدرسہ غزنویہ کے روحِ رواں تھے۔ مولانا محمد اسمٰعیل نے ان ہر سہ علما سے جملہ علومِ اسلامیہ میں استفادہ کیا۔ منطق و فلسفہ کی کتابیں مولانا مفتی محمد حسن امر تسریؒ بانی جامعہ اشرفیہ، لاہور سے پڑھیں۔ طب کی تعلیم امر تسر میں مولوی حکیم محمد عالم امر تسری سے حاصل کی۔ مولوی حکیم محمد عالم اسلامیہ ہائی سکول میں عربی کے استاد تھے۔ مسلکا بریلوی تھے لیکن بڑے وسیع الظرف تھے۔

امر تسر میں تعلیم مکمل کرنے کے بعد مولانا محمد اسمٰعیل واپس وزیر آباد تشریف لائے اور اس کے بعد مولانا محمد ابراہیم میر سیالکوٹی کی خدمت میں حاضر ہوئے۔ مولانا محمد ابراہیم میر سیالکوٹی اپنے وقت کے مشہور مناظر، مفسر قرآن اور کامیاب مصنف تھے اور مولانا ثناء اللہ امر تسریؒ کے دستِ راست تھے۔ مولانا محمد اسمٰعیل نے مولانا سیالکوٹی سے تفسیر قرآن میں استفادہ کیا۔ مولانا محمد اسمٰعیل فرمایا کرتے تھے کہ

"مولانا محمد ابراہیم میر سیالکوٹی کا درسِ قرآن مناظرانہ انداز سے بہت مفید ہوتا تھا۔ میں نے تفسیر بیضاوی مولانا سیالکوٹی سے شروع کی مگر مقامی مشاغل کی وجہ سے چند اسباق ہی پڑھ سکا۔ اس کے بعد چھٹی ہو گئی۔"

۱۹۲۱ء میں مولانا محمد اسمٰعیل نے جملہ علومِ اسلامیہ سے فراغت پائی۔ ۱۹۲۱ء میں ملک میں آزادی کا آغاز ہو چکا تھا اور رواٹ ایکٹ نافذ ہو چکا تھا۔ مجلس خلافت نے ترکی خلافت کے لئے تحریکِ خلافت شروع کر دی تھی۔ ۱۹۲۱ء میں مولانا محمد اسمٰعیل کو مولانا ثناء اللہ امر تسری اور مولانا محمد ابراہیم میر سیالکوٹی نے گوجرانوالہ میں رہائش اختیار

کرنے کا مشورہ دیا۔ چنانچہ آپ مسجدِ اہلحدیث حاجی پورہ میں خطیب مقرر ہوئے۔ چوک نیائیں گوجرانوالہ میں بھی ایک مسجدِ اہلحدیث تھی جو اب مرکزی مسجد اہلحدیث کہلاتی ہے۔ اس مسجد کے خطیب مولانا علاؤالدین مرحوم تھے۔ مولانا علاؤالدین ضلع ملتان کے ایک گاؤں 'اوج بھٹیاں' کے رہنے والے تھے۔ شیخ الکل مولانا سید محمد نذیر حسین دہلویؒ کے شاگرد تھے۔ ۱۸۷۴ء/ ۱۲۹۰ھ میں گوجرانوالہ میں اقامت اختیار کی۔ ۱۹۲۱ء/ ۱۳۳۹ھ میں انتقال ہوا۔

مولانا محمد اسمٰعیل چندماہ مسجد اہلحدیث حاجی پورہ کے خطیب رہے۔ مولانا علاؤالدین کے انتقال کے بعد آپ کو مسجد اہلحدیث چوک نیائیں کا خطیب مقرر کیا گیا۔ آپ اپنی وفات ۱۹۶۸ء تک اس مسجد میں خطابت کے فرائض انجام دیتے رہے۔ مسجد اہلحدیث چوک نیائیں کا خطیب مقرر ہوتے ہی آپ نے اس مسجد میں مدرسہ محمدیہ کی بنیاد رکھی اور اس میں درس و تدریس کا سلسلہ شروع کیا۔ یہ مدرسہ آپ کی یادگار ہے اور آج بھی اسلام کی نشرواشاعت، توحید و سنت کی ترقی وترویج اور شرک وبدعت کی تردید وتوبیخ میں کوشاں ہے۔ مولانا محمد اسمٰعیل کے تلامذہ کی فہرست طویل ہے۔ مشہور تلامذہ جنہوں نے کسی نہ کسی حیثیت سے علمی دنیا میں اپنا ایک مقام پیدا کیا، ان میں چند ایک یہ ہیں :

۱۔ مولانا محمد حنیف ندوی: مفسر قرآن اور مشہور فلسفی، فلسفہ اسلام کو اپنا موضوع بنایا اور اس پر بہت کچھ لکھا۔

۲۔ مولانا محمد اسحٰق بھٹی: مشہور صحافی اور مصنف

۳۔ مولانا محمد خالد گھرجاکھی: صاحبِ تصانیف کثیرہ اور بیشتر عربی کتابوں کے ناشر

۴۔ مولانا حکیم محمود سلفی: مشہور طبیب، جید عالم دین

۵۔ مولانا حافظ اسمٰعیل ذبیح: مشہور عالم، واعظ اور مدرس

۶۔ مولانا محمد سلیمان کیلانی: مشہور عالم اور مصنف (مولانا عبد الرحمن کیلانیؒ کے برادرِ کبیر)

۷۔ حکیم عبد اللہ خان نصر سوہدروی: مشہور طبیب، پروفیسر طبیہ کالج دہلی

۸۔ مولانا معین الدین لکھوی: مشہور عالم، واعظ اور سیاسی رہنما

مولانا محمد اسمٰعیل نے درس و تدریس کے ساتھ ساتھ برصغیر کی تحریکِ آزادی میں بھی نمایاں خدمات انجام دیں۔ تحریکِ استخلاصِ وطن کے سلسلہ میں کئی بار قید ہوئے اور حرمتِ ختم نبوت کے سلسلہ میں بھی آپ اسیر زنداں رہے۔ مولانا محمد اسمٰعیل علم و فضل کے اعتبار سے بلند پایہ عالم دین تھے۔ آپ اکابر علمائے اہلحدیث کی جملہ صفات کے حامل اور ایک مثالی شخصیت تھے۔

مولانا حافظ عبد اللہ غازی پوری کا ورع اور تقویٰ، مولانا عبد الرحمن مبارکپوری کی تواضع، مولانا عبد الواحد غزنوی کا ذوقِ قرآن فہمی، مولانا عبد العزیز رحیم آبادی کی انگریز دشمنی، مولانا ابو الکلام آزاد کا جوہر خطابت، مولانا عبد الوہاب دہلوی کی شیفتگی سنت، مولانا ابو الوفا ثناء اللہ امرتسری کا ذوقِ تالیف، مولانا محمد ابراہیم سیالکوٹی اور مولانا محمد حسین بٹالوی کا وسعتِ علم، مولانا عبد القادر قصوری کی متانت اور عمق فکر، مولانا قاضی محمد سلیمان منصور پوری کی شرافت اور تبحر علمی، مولانا حافظ عبد اللہ روپڑی کا ملکہ افتا اور مولانا سید محمد داؤد غزنویؒ کی معاملہ فہمی اور وسعتِ قلبی... یہ صفات ایک مولانا محمد اسمٰعیلؒ میں موجود تھیں۔

مولانا محمد اسمٰعیل کئی بار حج بیت اللہ کی سعادت سے مشرف ہوئے، قیامِ مکہ کے دوران آپ نے شیخ ابو بکر توقیر سے تدریس و افتا میں 'اجازہ' حاصل کی۔

جماعتِ اہلحدیث کو منظم اور فعال بنانے میں ان کی خدمات قدر کے قابل ہیں۔

حدیثِ نبوی صلی اللہ علیہ وسلم سے آپ کو والہانہ محبت تھی اور حدیث کے معاملہ میں معمولی سی مداہنت بھی برداشت نہیں کرتے تھے۔ گوجرانوالہ میں تعمیر مساجد میں بھرپور حصہ لیا۔ آپ نے جس وقت اس دنیا کو خیر باد کہا، اس وقت آپ نے اس شہر میں اہلحدیث کی ۲۵ ویں مسجد کی تاسیس فرمائی۔ (اس وقت گوجرانوالہ میں اہلحدیث مساجد کی تعداد ۶۰ کے قریب ہے۔)

وفات

مولانا محمد اسمٰعیل سلفی نے نصف صدی تک مسندِ درس و تدریس اور خطابت و افتا کو زینت دینے کے بعد ۲۰/ فروری ۱۹۶۸ء مطابق ۲۰/ ذی قعدہ ۱۳۸۷ھ بروز منگل بعد نمازِ عصر انتقال کیا۔ اناللہ وانا الیہ راجعون

بدھ کے روز بعد نمازِ ظہر گوجرانوالہ میں نمازِ جنازہ ادا کی گئی۔ مولانا حافظ محمد یوسف گکھڑوی مرحوم نے نمازِ جنازہ پڑھائی۔ راقم کو بھی نمازِ جنازہ میں شرکت کی سعادت حاصل ہے۔ جنازہ پر بے پناہ ہجوم تھا شورش کاشمیری مرحوم بھی جنازہ میں شریک تھے۔ انہوں نے اپنے اخبار ہفت روزہ چٹان، لاہور میں لکھا:

"ایسا جنازہ تو بادشاہوں کو بھی نصیب نہیں ہوتا۔ اللہ تعالیٰ سے دعا ہے کہ وہ آپ کی بال بال مغفرت فرمائے اور علیین میں مقام عطا فرمائے۔"

اساتذہ

مولانا سلفی نے جن اساتذہ کرام سے مختلف علوم و فنون میں استفادہ کیا، ان کے نام درج ذیل ہیں:

۱۔ مولانا حکیم محمد ابراہیمؒ ۲۔ مولانا عمر الدین وزیر آبادیؒ

۳۔ مولانا تاج الدینؒ ۴۔ مولوی عبدالستارؒ بن شیخ الحدیث مولانا حافظ عبدالمنان

وزیر آبادیؒ

۵۔ مولانا عبدالرحمن ولایتیؒ ۶۔ استاد پنجاب شیخ الحدیث مولانا حافظ عبدالمنان محدث وزیر آبادیؒ

۷۔ مولانا محمد قاسم مدرس مدرسہ امینیہ دہلی ۸۔ مولانا عبدالجبار عمرپوریؒ

۹۔ مولانا حافظ عبداللہ غازی پوریؒ ۱۰۔ مولانا عبدالرحیم غزنویؒ

۱۱۔ مولانا عبدالغفور غزنویؒ ۱۲۔ مولانا محمد حسین ہزارویؒ

۱۳۔ مولانا مفتی محمد حسن امرتسریؒ ۱۴۔ مولوی حکیم محمد عالم امرتسریؒ

۱۵۔ مولانا محمد ابراہیم میر سیالکوٹیؒ ۱۶۔ شیخ ابوبکر توقیر مکیؒ

***

۷

# سیرت کے شناور مولانا صفی الرحمن مبارکپوری

## مجیب الرحمن

نومبر ۲۰۰۶ء کے اواخر میں لاہور سے پی آئی اے ایئر لائن کے ذریعے میں دہلی پہنچا جہاں شیخ اصغر علی امام مہدی سلفی اور دیگر اہل حدیث رفقا کی معیت میں چند دن گزارنے کا موقع ملا۔ دہلی کے دورہ میں حضرت مولانا عبدالجلیل عبد المعید اور ماہر لسانیات مولانا علامہ عبد القدوس، اطہر ابن احمد نقوی وغیرہ حضرات سے ملاقاتیں رہیں۔ اہل حدیث منزل، اہلحدیث کمپلیکس، المعہد العالی، جامع مسجد اہل حدیث اور مکتبہ ترجمان وغیرہ میں بھی اکثر آنے جانے کا موقع ملتا رہا۔

دہلی قیام کے دوران 'ابوالکلام آزاد اویکننگ سنٹر' کے صدر محترم جناب مولانا عبدالحمید رحمانی کی طرف سے بلاوا آیا۔ ان کے ہاں پہنچے ہی تھے کہ اچانک ایک روح فرسا و جگر خراش خبر سن کر کلیجہ منہ کو آگیا۔ یہ جاں گسل، دل فگار اور جان کاہ اطلاع تھی، عالم اسلام کی نامور عظیم شخصیت، علامہ زمان، ادیبِ اریب، خطیبِ دوراں، مفسر قرآن، مؤرّخِ عصر، معروف و مشہور قلم کار و دانشور اور سب سے بڑھ کر شہرۂ آفاق سیرت نگار کی وفاتِ حسرت آیات اور انتقالِ پُر ملال کی۔ فارسی، عربی و اُردو کے اس صاحبِ طرز ادیب و عالمِ بے بدل سے میری مراد ہے حضرت مولانا شیخ صفی الرحمن مبارکپوریؒ جو طویل

علالت کے بعد عالم آخرت کو سدھار گئے۔ آپ کی وفات گویا ہم عصر علمی دنیا کے لیے عظیم سانحہ اور ایک عہد کا خاتمہ ہے۔ اللہ پاک اُنہیں غریق رحمت کرے، کروٹ کروٹ جنت الفردوس میں جگہ دے۔ آمین ثم آمین یاربّ العالمین!

مولانا موصوف نے 'مبارکپور' نامی بھارت کے ایک مشہور و معروف دور اُفتادہ مگر زرخیز و مردم خیز خطہ میں آنکھ کھولی جہاں بہت سے یگانۂ عصر نے جنم لیا اور بڑی منتخب روزگار شخصیات پیدا ہوئیں۔ جن میں قاضی اطہر مبارکپوری، مولانا عبید اللہ مبارکپوری رحمانی مصنفِ مرعاۃ المفاتیح، حضرت مولانا عبدالرحمن مبارکپوری مصنفِ تحفۃ الاحوذی و تحقیق الکلام، مولانا امین اثری مبارکپوری، مولانا عبدالصمد مبارکپوری، مولانا عبدالسلام مبارکپوری مصنفِ سیرۃ البخاری وغیرہ رحمہم اللہ کے نام قابل ذکر ہیں۔ مولانا ممدوح بھی اسی سلسلۃ الذھب کی ایک کڑی تھے۔

حضرت مولانا کی پیدائش ۱۹۴۲ء کے وسط میں، مبارکپور کی شمالی جانب کئی فرلانگ کے فاصلہ پر ایک چھوٹی سی گمنام بستی حسین آباد میں ہوئی۔ بچپن کی ابتدائی تعلیم یعنی قرآنِ مجید وغیرہ اپنے دادا امجد اکبر اور چچا محمد عبدالصمد سے حاصل کی۔ پھر مدرسہ دارالتعلیم میں داخل ہوئے اور بڑے اچھے نمبروں میں ابتدائی درجات کو مکمل کرتے ہوئے مدرسہ احیاء العلوم مبارکپور میں عربی درجات میں داخل لے لیا۔ وہاں دو سال مکمل کرنے کے بعد مدرسہ فیضِ عام مؤناتھ بھنجن میں جو جماعتِ اہلحدیث کا ایک قدیم اور بنیادی تعلیمی ادارہ ہے، تشریف لے گئے۔

**مولانا مبارکپوری؛ تدریس کے میدان میں**

۱۹۶۱ء میں اپنی تعلیم مکمل کرتے ہوئے باقاعدگی کے ساتھ جب سند لے کر فارغ التحصیل ہوئے تو بڑی عزت کے ساتھ وہیں اسی ادارہ میں ایک قابلِ احترام مدرّس کی

حیثیت سے ان کی تقرری ہوگئی۔ دریں اثنا آپ فتویٰ نویسی بھی فرماتے رہے اورالٰہ آباد بورڈ کے زیر اہتمام عربی، فارسی وغیرہ کے مولوی عالم وفاضل جیسے سرکاری امتحانات میں بھی شریک ہوئے اور اپنی غیر معمولی ذہانت و فطانت کی بناپر ان تمام امتحانات میں اوّل درجے میں کامیاب ہوئے۔ ذلک فضل اللہ یوتیہ من یشاء

کئی سال تک آپ نے مؤناتھ بھنجن کی دانش گاہ 'مدرسہ فیض عام' میں سنجیدگی و تندہی کے ساتھ تعلیمی و تدریسی فرائض سرانجام دیے۔ پھر آپ کو دارالحدیث الاثریہ میں تعلیمی ذمہ داری سونپی گئی۔ ان تدریسی فرائض کو بحسن و خوبی سرانجام دینے کے دوران آپ نے فنِ خطابت و شعلہ بیانی اور پرجوش وولولہ انگیز تقاریر میں بھی اپنے جوہر پیش کئے۔

۱۹۶۶ء کے اوائل میں آپ نے مدرسہ فیض العلوم، مسیونی مدھیہ پردیش میں ایک کامیاب اُستاد اور مدیر التعلیم کی حیثیت سے اپنی خدمات کا آغاز کیا۔ وہاں تقریباً چھ سال کی مدت گزارنے کے بعد اہل وطن کے شدید اصرار کی وجہ سے اپنی مادرِ علمی مدرسہ دارالتعلیم مبارکپور میں تشریف لے گئے جہاں صدر مدرّس اور پرنسپل کے عہدہ پر دو سال تک فائز رہے۔

۱۹۷۴ء میں بنارس میں ریوڑی تالاب کی مرکزی درس گاہِ اہلحدیث، یعنی دارالعلوم الجامعہ السلفیہ کی طرف سے دعوت موصول ہوئی کہ وہ اپنی تمام تر خدمات و توجہات کو جامعہ سلفیہ کے لئے وقف کردیں۔ چنانچہ وہ اکتوبر ۱۹۷۴ء میں بنارس کے جامعہ سلفیہ پہنچ کر ۱۹۸۸ء یعنی چودہ سال کی طویل مدت تک وہاں درس وتدریس کی خدمات انجام دیتے رہے۔ اس دوران آپ ماہنامہ 'محدث' بنارس کے مدیر مسؤل اور جامعہ کے تحقیقاتی ادارے میں بھی ایک محقق کی حیثیت سے کام کرتے رہے۔

موصوف انتہائی ذہین وفطین اور گوناگوں ممتاز خوبیوں کے مالک تھے۔ جامعہ سلفیہ میں قدم رکھتے ہی ان کی خوبیوں کے جوہر مزید کھلے اور انہیں پھلنے پھولنے کا موقع مل گیا۔ گویا ان کی ساری صلاحیتوں کو دَمک اور جلا مل گئی اور تمام مسدود راہیں واہو گئیں۔

اللہ سبحانہ و تعالیٰ نے اُنہیں بڑی عظیم صلاحیتوں و قابلیتوں سے نوازا تھا۔ وہ بیک وقت ایک قابل مفسر و محدث بھی تھے اور مدرّس و محقق اور مناظر بھی؛ ایک حاذق وماہر علمِ فرائض بھی اور بلند پایہ سیرت نگار بھی۔ فارسی، اُردو و عربی زبانوں میں اُنہیں یدِ طولیٰ اور بڑی مہارت حاصل تھی۔ وہ اعلیٰ پائے کے دانش ور، قلم کار، انشا پرداز اور نثر نگار تھے۔ اُن کی قوتِ حافظہ بڑی تیز، پختہ، پائیدار اور مضبوط تھی۔ احادیث کے مختلف درجات، رواۃِ حدیث کے احوال اور لغتِ عربی کے حلِ اشکالات کے سلسلہ میں وہ کلیدی صلاحیت کے حامل تھے۔ بسا اوقات اور بوقتِ ضرورت مختلف اُلجھے ہوئے شرعی و پیچیدہ مسائل کے حل اور سلجھاؤ کی خاطر فتویٰ بھی دیا کرتے تھے۔ اس لحاظ سے وہ ایک تسلیم شدہ اور مانے ہوئے مفتی بھی تھے۔ ان کے برجستہ اور فی البدیہہ فتاویٰ بھی تسلی بخش ہوا کرتے۔ اجتہاد و استنباط کا مادّہ اور صلاحیت ان کی ذات میں بدرجۂ اتم بلکہ کوٹ کوٹ کر بھری ہوئی تھی۔

**مولانا مبارکپوری کا دورۂ پاکستان**

دعوت و تبلیغ کے سلسلہ میں آپ نے ملک اور بیرونِ ملک کے بھی گوشے گوشے اور چپے چپے میں دورے اور سیر وسیاحت کی۔ بلادِ خلیج کا تو آپ نے بار بار دورہ کیا۔ تقریباً سولہ سال تک مدینہ منورہ اور سعودی عرب کے دار الخلافہ 'ریاض' میں اقامت پذیر رہے۔ اسی طرح امریکہ، برطانیہ اور پاکستان وغیرہ کا بھی سفر کیا۔

سرزمینِ پاکستان میں آپ کی آخری تشریف آوری اور ورودِ مسعود ۲۰/۲۱ سال

قبل یعنی ۱۹ر نومبر تا ۱۰ دسمبر ۱۹۸۵ء کو ہوا۔ حضرت مولانا عطاء اللہ حنیف رحمۃ اللہ علیہ بھوجیانی (۱۹۰۹ء تا ۱۹۸۷ء) مؤقر ہفت روزہ 'الاعتصام' کے اس زمانہ (۱۹۸۵ء) میں مدیر مسؤل تھے۔ ان کے ہی خلف الرشید و تربیت یافتہ شہرۂ آفاق عالم دین جناب مولانا حافظ صلاح الدین یوسف حفظہ اللہ اس دور میں 'الاعتصام' کے روحِ رواں تھے۔ حضرت مولانا صفی الرحمن مبارکپوری کی تشریف آوری کے موقع پر ان کے اعزاز میں شیش محل روڈ کے دارالدعوۃ السلفیہ میں ایک پُرشکوہ استقبالیہ دیا گیا۔ ہم عصر علمائے کرام و دانشورانِ عظام نے دور دراز علاقوں سے آکر اس تقریب کو اور بھی رونق افروز بنایا اور چار چاند لگا دیے۔ جناب محترم حافظ صلاح الدین یوسف حفظہ اللہ نے خطبۂ استقبالیہ پیش کیا۔ آگے چل کر یہ خطبہ مولانا علیم ناصری رحمۃ اللہ علیہ کے قلم سے دورہ کی مختصر سی روداد کے ساتھ 'الاعتصام' کے ۲۰ دسمبر ۱۹۸۵ء کے شمارہ میں شائع ہوا۔

## مولانا مبارکپوری: امریکہ میں

مولانا صفی الرحمن مبارکپوری کو رابطہ عالم اسلامی مکہ مکرمہ کی طرف سے امریکہ جانے کا موقع بھی ملا۔ یہ واقعہ وسط دسمبر ۱۹۸۳ء کا ہے۔ اس وقت رابطہ کے سیکرٹری جنرل شیخ محمد علی الحرکان تھے جنھوں نے ٹیلی گرام کے ذریعہ شیخ مبارکپوری کو ۹ تا ۱۲ر ربیع الاوّل ۱۴۰۲ھ میں منعقد ہونے والی عالمی سیرت کانفرنس میں باضابطہ شرکت کی دعوت دی۔

اس میں کوئی شک نہیں کہ ماہ ربیع الاوّل کے ساتھ سیرت النبی صلی اللہ علیہ وسلم کانفرنسز کا تعلق اور رابطہ بڑا گہرا ہے۔ ٹھیک اسی طرح یہ بھی ایک جیتی جاگتی حقیقت ہے کہ رابطہ مذکورہ مکہ مکرمہ کا باضابطہ نمائندہ بن کر اس قسم کے عظیم اور بین الاقوامی سیمینارز میں عملی شرکت و شمولیت کا زرّیں موقع اور دعوت ہما شما کو نصیب نہیں ہوا

کرتی۔ یقیناً یہ عزت اور وقار قابل رشک ہے!

امریکہ کی ریاست کیلی فورنیا میں یہ پُر شکوہ کانفرنس منعقد ہو رہی تھی۔ رابطہ کے عزت مآب جنرل سیکرٹری نے آپ کو اس میں تقریر کرنے اور مقالہ پڑھنے کا موضوع بھی بتا دیا تھا۔ اس سدا بہار عنوان کا نام تھا: 'سیرتِ نبوی صلی اللہ علیہ وسلم اور ہماری زندگی میں اس کے تقاضے'

امریکی ریاست کیلی فورنیا کے شہر آرینج کاؤنٹی میں واقع سیمینار گاہ میں پہنچ کر مولانا موصوف نے جب تقریر شروع کی اور مقالہ پڑھا تو وہ واقعی بڑا ہی مؤثر، مدلل اور فکر انگیز تھا۔ سیمینار گاہ میں سب سے پہلے مولانا موصوف کی ملاقات و زیارت جس شخصیت سے ہوئی تھی، اس کا نام تھا پروفیسر ڈاکٹر احمد حسین صغیر۔ مولانا موصوف کی طرح اُن کی تقریر بھی بہت پُر جوش، با مقصد اور ولولہ انگیز تھی۔ یہ میری خوش بختی ہے کہ اس راقم عاجز کے ساتھ بھی پروفیسر ڈاکٹر صغیر موصوف کی باہمی شناسائی اور تعارف بڑا پرانا ہے۔ امریکہ و یورپ کی کئی کانفرنسوں میں اُن کے ساتھ راقم کو ملاقات کا اتفاق ہو چکا تھا اور ان ملاقاتوں میں وہ مجھے اپنی شاہکار تصنیفات بطور ہدیۂ متواضعہ مرحمت فرما چکے تھے۔ اُن دنوں وہ شکاگو یونیورسٹی میں غذائیات کے نامور پروفیسر تھے۔

اس کانفرنس میں جن دیگر مایہ ناز شخصیات اور قابل قدر ہستیوں نے شرکت کی اور اس اوّلین نشست کو زینت بخشی، ان میں سے دو تو خاص طور پر قابل ذکر ہیں: جناب داؤد اسعد اور جناب ڈاکٹر مزمل صدیقی۔ اوّل الذکر فلسطین کے باسی اور رابطہ عالم اسلامی نیویارک کے معاون مدیر تھے۔ مزید بر آں وہ انٹر نیشنل سپریم کونسل برائے مساجد (مکہ مکرمہ) کی شاخ نیز امریکہ و کینیڈا کی مسجدوں کی بر اعظمی مجلس کے جنرل سیکرٹری بھی تھے۔ اتنے اہم مناصب اور اعلیٰ عہدوں پر فائز ہونے کے باوجود مولانا مبارکپوری رحمۃ

اللہ علیہ کے ساتھ ان کا برتاؤ اور معاملہ ہمیشہ ایک خادم اور بندۂ ناچیز سا رہا، کیونکہ سید القوم خادمھم کا راز گویا اسی میں مضمر ہے۔

مؤخر الذکر جناب ڈاکٹر مزمل صدیقی نے بھی، وہاں کے سب سے بڑے کرتا دھرتا اور سپریم کونسل (المَجلس الأعلیٰ) کے امیر بالا ہونے کے باوجود حضرت مولانا صفی الرحمن مبارکپوری کے ساتھ نہایت منکسر مزاجی، عاجزی و خوش معاملگی کی روش اور برتاؤ پیش کیا۔ ڈاکٹر موصوف کے ساتھ پہلے ہی سے میری شناسائی اور تعارف موجود تھا، اس بنا پر میں ان کی گوناگوں خوبیوں سے اچھی طرح واقف تھا، کیونکہ ۱۹۹۳ء کے اَواخر میں جب میں نے بوسٹن اور نیو کیمبرج کے عالمی سیمینار میں عملی شرکت کی غرض سے حاضری دی تو کیا دیکھا کہ ڈاکٹر صدیقی موصوف وہاں پر خصوصی مہمان بن کر پہلے ہی سے تشریف فرما تھے۔ مجھے دیکھتے ہی باغ باغ ہوئے اور بغل گیر ہوگئے۔ سراپا اخلاص اور مجسمۂ نیاز مندی جس کا یہ عالم تھا کہ خلائق کے ادنیٰ سے کارِ خیر میں بھی بڑھ چڑھ کر نمایاں حصہ لینے کی جانفشانی اور کاوش فرماتے تھے۔

## 'الرحیق المختوم' کے تصنیفی مراحل اور مقبولیت

اب سوال یہ پیدا ہوتا ہے کہ ریاست ہائے متحدہ امریکہ کے عظیم سرخیل شیخ ابو خلیل تونی جیسے سعودیہ کے امیر بالا اور سرکردہ شخصیت نے آخر مولانا مبارکپوری رحمۃ اللہ علیہ کی اس قدر پُرتپاک آؤ بھگت اور استقبال کیوں کیا؟ اس سوال کا جواب صرف ایک ہی ہے اور وہ ہے مولانا کی مایۂ ناز تصنیف 'الرحیق المختوم' اور دیگر شاہکار تصانیف ...!

یہی وہ تصنیفِ لطیف ہے جس نے آپ کو عظمت اور دوامی شہرت و نیک نامی کو بامِ ثریا پر پہنچا دیا۔ اس کی تالیف و تصنیف کے تاریخی پس منظر میں بھی ایک طویل داستان ہے۔ اور وہ یہ کہ ۱۹۷۶ء میں کراچی کی بین الاقوامی سیرت کانفرنس کے اختتام پر رابطۂ

عالم اسلامی نے سیرتِ نبویؐ کے موضوع پر مقالہ نویسی کا ایک عالمی مقابلہ منعقد کرنے کا اعلان کیا جس میں دنیا بھر کے اہل علم کو دعوت دی گئی کہ وہ سیرتِ نبوی کے موضوع پر دنیا کی کسی بھی جیتی جاگتی زبان و ادب میں مقالہ قلم بند کریں۔ پھر کیا تھا؟ دنیا کے تمام قلم کاروں نے فوراً ہی اپنی اپنی بساط کے مطابق عالمی مقابلہ کے اس وسیع و عریض میدان میں کوشش و کاوش شروع کر دی، کیونکہ اس عالمگیر مقابلہ کے انعامات بھی خطیر تھے اور پہلی، دوسری، تیسری، چوتھی اور پانچویں پوزیشن حاصل کرنے والوں کو علیٰ الترتیب پچاس، چالیس، تیس، بیس اور دس ہزار ریال کے انعامات دیئے جانے کا اعلان کیا گیا تھا۔

مولانا نے جب اس شاہکار تالیف کو ترتیب دیا، اس وقت آپ بنارس کی عظیم دانش گاہ الجامعہ السلفیہ میں اُستاد تھے۔ دراصل وہاں کے تلامذہ، اساتذہ واَقارب نے اس کام پر اُنہیں پیہم اصرار کیا اور یہ اسی پیہم اصرار اور تاکید پر تاکید کا نتیجہ تھا کہ مولانا اس سیرت نگاری کے عالمی مقابلہ کے لئے پوری طرح مستعد ہو گئے۔ پھر جب اس کام کے لئے آپ نے اپنے زور دار و سیال قلم کو جنبش دی تو وہ اپنی مادری زبان اُردو میں نہیں بلکہ قرآنِ مجید کی زبانِ عربی یعنی لسانِ مبین میں۔ حالانکہ اس سے قبل آپ کو عربی زبان میں تحریر و تصنیف کا کوئی تجربہ نہ تھا۔ آپ نے عرب کی کسی بھی یونیورسٹی کا منہ دیکھا تھا، نہ سعودی عرب میں ان کا رابطہ یا آمد و رفت کا کوئی سلسلہ تھا۔

جب عربی زبان میں لکھنے کے لئے قلم اُٹھایا تو یوں فراٹے، روانی و سلاست سے لکھتے ہی چلے گئے کہ گویا یہ ان کی مادری زبان ہو۔ ان کی یہ عربی تحریر برائے تحریر نہ تھی بلکہ اُس میں لطافت، لچک، زور اور سلاست ان لوگوں کی عربی تحریروں سے بھی بڑھ کر تھی جو عربی ماحول میں پلے بڑھے اور برابر لکھتے بھی رہے۔

دراصل اُن پر اُن دنوں ایک عجیب سا جنون اور مخصوص کیفیت طاری تھی۔

کتبِ سیر کا پیہم مطالعہ اور تصنیفی لگن سے وہ دیوانگی و سرشاری کا لطف اُٹھاتے تھے۔ کبھی تو وہ سیرت کے حوالہ سے اس موضوع سے متعلق عربی اشعار گنگناتے اور کبھی کسی نص کو دہراتے نظر آتے۔ اس طرح سے کوئی پانچ چھ ماہ کے اندر مسودہ پایۂ تکمیل تک پہنچ گیا۔ تسوید کے بعد اب ان کے پاس تبییض کی قطعاً فرصت نہ تھی۔ پھر حضرت مولانا عبدالجلیل عبدالمعید علی گڑھی کے کندھوں پر یہ اہم ذمہ داری ڈالی گئی اور اُنہوں نے قلیل سی مدت میں ہی یہ عظیم ذمہ داری بدرجہ اتم وبطریق احسن نبھائی۔ مسلسل اور پیہم تبییض کے کاموں میں جب اُنہیں شدید تھکاوٹ محسوس ہوا کرتی تو برخوردار حافظ محمد الیاس میاں (فاضل مدینہ یونیورسٹی، حال مقیم ریاض) بہترین چائے اور اس کے لوازمات سے دونوں حضرات (شیخ مبارکپوری و شیخ عبدالمعید علی گڑھی) کے جسموں کو قدرے حرارت اور چستی و توانائی پہنچاتے۔

اس معیاری و غیر معمولی کام میں محترم المقام جناب عزیر شمس نے بھی عملی طور پر شرکت کی تھی جو کہ فضیلۃ الشیخ جناب محترم شمس الحق (شیخ الحدیث مدارسِ عربیہ بہار وبنگال) کے فرزندِ ارجمند ہیں۔ حسنِ اتفاق سے یہ دونوں اس راقم عاجز کے بھی قریبی رشتہ دار ہیں۔ یہ شیخ عزیر شمس ہی تو تھے جنہوں نے سب سے پہلے شیخ مبارکپوری کو رات کے سناٹے میں رابطہ کی طرف سے پہلا انعام پانے کا مژدۂ جاں فزا سنایا تھا۔

'الرحیق المختوم' کو جو عالمی و آفاقی مقبولیت اور ہر دل عزیزی حاصل ہوئی، وہ یقیناً تائیدِ الٰہی کا ایک عجیب وغریب کرشمہ ہے۔ یہی وہ مایہ ناز و شہرہ آفاق سیرت کی کتاب ہے جس سے متاثر ہو کر جامعہ اسلامیہ مدینہ منورہ کے جنرل سیکرٹری فضیلۃ الشیخ عمر محمد فلاتہ اور امامِ کعبہ کے والد ماجد شیخ عبداللہ بن حمید نے ہندوستان سے اُنہیں بلا کر جامعہ اسلامیہ مدینہ منورہ کے مرکز خدمۃ السُنّۃ والسیرۃ النبویۃ ﷺ کا ایک عہدہ بھی تفویض

کر دیا۔ یہ عہدہ الباحث المحقق یعنی ریسرچ فیلو کا تھا۔

## الرحیق المختوم، بنگلہ زبان میں

دنیا کی لگ بھگ ۹ زبانوں میں 'الرحیق المختوم' کا ترجمہ ہو چکا ہے۔ اس سے بخوبی یہ اندازہ لگایا جاسکتا ہے کہ کتابِ ہٰذا کی مانگ اور چاہت عالمی مارکیٹ میں کس قدر زیادہ ہے۔ مختلف زبانوں کے جامہ پہنانے، منتقل کرنے اور تراجم وغیرہ کی یہ بہتات و کثرت کو دیکھ کر مولانا نے دل ہی دل میں یہ سوچا کہ کیوں نہ اسے بنگلہ زبان میں بھی منتقل کر دیا جائے؟ کیونکہ پورا بنگلہ دیش، مغربی بنگال، اراکان، آسام اور تریپورا وغیرہ کے بعض حصوں میں بھی یہ زبان بولی جاتی ہے۔ چنانچہ اُنہوں نے مجھے ۱۹۹۲ء کے اَواخر میں راجشاہی یونیورسٹی کے پتے پر خط لکھا اور فوری طور پر ترجمہ کا کام شروع کرنے کے لئے کہا۔

اور ساتھ یہ لکھا کہ جہاں تک اس کتاب کو زیورِ طبع سے آراستہ کرنے کا تعلق ہے تو میں اپنے شاگردِ رشید 'ابنِ اسماعیل' کو کہہ دوں گا اور رقم بھی ارسال کروں گا۔

واضح رہے کہ یہ وہی ابن اسماعیل صاحب ہیں جنہوں نے جامعہ سلفیہ بنارس میں مولانا ممدوح کے پاس زانوے تلمذ طے کرتے ہوئے مدتوں علومِ نبویہ ؐ کی خوشہ چینی کی تھی۔ انہوں نے مغربی بنگال کے نالہاٹی نامی ضلع رشید آباد و ساگر دیگھی کے ایک قصبہ میں 'ہلال بک ایجنسی' نامی کتب خانہ کی بھی داغ بیل ڈالی ہے۔

ابھی میں 'الرحیق المختوم' کے ابتدائی حصہ کا ترجمہ ہی کر پایا تھا کہ میرے بیٹے پروفیسر ڈاکٹر یوسف صدیق نے مجھے نیویارک بلالیا، لہٰذا مجھے ترجمہ کی یہ ذمہ داری اپنے ایک شاگردِ رشید مولانا شیخ عبدالخالق رحمانی کے سپرد کرنا پڑی۔ اُنہوں نے پھر ہم دم وہم نواؤں سے مل کر ترجمہ کے اسی اہم کام کو پایۂ تکمیل تک پہنچادیا۔

یہاں پر ایک اور شخصیت کا نام بھی خاص طور پر قابل ذکر ہے جن کی پیہم مشقت،

اَن تھک زحمت اور لگاتار صعوبت نے اس کام کو کچھ آگے بڑھایا، وہ ہیں راجشاہی پی ٹی ای سنٹر کے پروفیسر جناب سیف الدین احمد۔ اس کے ساتھ ایک اور قابل قدر ہستی اور عظیم شخصیت بھی منسلک و شاملِ حال رہی۔ اس ہستی سے میری مراد ہے حضرت مولانا معین الدین کی ذات ستودۂ صفات۔ موصوف مغربی بنگال کے مالدہ ضلع میں کلیا چک کے باسی تھے اور راجشاہی یونیورسٹی سکول میں اسلامیات و عربی کے استاد بھی تھے۔ وہ صرف میرے چہیتے شاگردِ رشید ہی نہیں بلکہ اور بھی مختلف اطراف سے ان کے ساتھ میرا گہرا رابطہ اور تعلقات استوار تھے۔

بہرکیف اس طرح ہم سب کی متفقہ جدوجہد اور کد وکاوش سے 'الرحیق المختوم' کا بنگلہ ایڈیشن کا مکمل مسودہ تیار ہو گیا۔ بالآخر ہم نے اس مسودہ کو شیخ صفی الرحمن مبارکپوری کے شاگردِ رشید جناب عبداللہ اسماعیل کے حوالہ کیا تاکہ وہ کلکتہ سے بڑے دیدہ زیب اور دلکش انداز میں زیورِ طبع سے آراستہ کرتے ہوئے خصوصی اشاعت کا انتظام کریں۔ چنانچہ ہماری قوی توقعات و اُمیدوں کے مطابق ایسا ہی ہوا۔ 'الرحیق المختوم' کے نام سے جب کتاب چھپ کر ہمارے سامنے آگئی تو ہماری شادمانی و مسرت کی کوئی انتہا نہ رہی۔ یقین مانیں کہ ہم سب اس قدر باغ باغ ہوئے کہ پھولے نہ سماتے تھے۔ ہر دل عزیزی اور مقبولیتِ خاص و عام کا یہ عالم تھا کہ قلیل سی مدت میں ہی سارے نسخے ختم ہو گئے۔

بنابریں اب دوسرے ایڈیشن کی نوبت آگئی۔ چنانچہ یہ دوسرا ایڈیشن بھی سابقہ رعنائی و نکھار اور پہلی سی آب و تاب اور دلکشی لیے سرزمینِ بنگال کے قارئینِ کرام و خواندگانِ عظام کے رُوبرو نمودار ہوا۔ لیکن 'چراغ تلے اندھیرا' ضرب المثل مشہور ہے۔ چنانچہ اس نئے ناشر نے ڈھٹائی و بے مروّتی کا مظاہرہ کرتے ہوئے مترجم کے نام یک لخت

حذف کر کے صرف ناشر کے نام سے ہی اُسے شائع کرنے پر اکتفا کیا۔'بریں عقل و دانش بباید گریست'

عربی شاعر نے بھی کیا خوب کہا:

ولمثل هذا يذوب القلب من كمد

إن كان في القلب إسلام وإيمان

واللہ! یہ کس بلا کی خیانت ہے۔ اللہ پاک ہم سب کو اس قسم کی خیانت سے محفوظ رکھے، آمین! سننے میں آیا کہ اس شخص کا نام حافظ محمد منیر ہے۔

## الرحیق المختوم، اُردو زبان میں

جہاں تک اس کے اُردو ترجمہ کا تعلق ہے تو علامہ مبارکپوری رحمۃ اللہ علیہ نے بذاتِ خود ہی اس محنت طلب کام کو سرانجام دیا اور بنفسِ نفیس ہی اپنی مایہ ناز و شاہکار تصنیف 'الرحیق المختوم' کو اُردو زبان کے قالب میں بڑے شاندار و جاندار پیرائے میں ڈھال دیا۔ اُردو میں اُسے منتقل کرنے کا یہ مشکل کام آپ نے اور کسی کو کرنے نہیں دیا، کیونکہ صاحب البیت أدرٰی بما فیہ عربی کا مشہور و معروف مقولہ ہے یعنی "اندرونِ مکان میں کیا ہے؟ وہ مکین ہی سب سے بہتر جانتا ہے، اس مکان میں نووارد کو ہر گز اس سے پوری واقفیت نہیں ہو سکتی۔" یہی وجہ ہے کہ عربی کی طرح ان کے بامحاورہ اُردو اُسلوب میں بھی جہاں پختگی و پائیداری صاف جھلکتی ہے وہاں سلاست وروانی کا بھی سیل بلاخیز ہے۔

جب اپنے زور دار و سیال قلم کو آپ جنبش دیتے تھے تو قلم کی رفتار تیز بلکہ برق رفتار ہوا کرتی تھی۔ یہی وجہ ہے کہ ۶۵۶ صفحات کی کتاب (اُردو الرحیق المختوم، طبع جدید) آپ نے بہت تھوڑے عرصہ میں مکمل کر لی۔ یہ کام جان جوکھوں اور صبر و تحمل کا تھا، مگر آپ نے بھی ناساز گار اور کٹھن سے کٹھن حالات میں کبھی مایوسی، قنوطیت اور

شکست خوردگی کو اپنے پاس پھٹکنے نہیں دیا، اور نہ ہی ان کی بو قلموں اور گونا گوں صلاحیتیں و قابلیتیں کبھی کسی کی منت پذیر ہوئیں۔ سفر و حضر ہر دو حالات میں ان کی لطیف ذہانت اور دقیق فطانت کے شگوفے کھلتے اور پھلجھڑیاں چھوٹتی رہتیں۔

## 'الرحیق المختوم' پر پہلا انعام

مارچ ۱۹۷۶ء بمطابق ربیع الاوّل ۱۳۹۶ھ کو پاکستان کی سرزمین میں سیرتِ نبویہؐ کی پہلی کانفرنس کے اختتام کے موقع پر رابطہ عالم اسلامی نے اسی سلسلہ میں ایک عالمی مقابلہ کا اعلان کر دیا جس کی مختلف شرائط پر پورے اُترنے والوں کے انعامات کی تفصیل تو ہم نے سطورِ بالا میں ہی قلم بند کر دی۔ اس طرح سے رابطہ اسلامی کی طرف سے تقسیم انعامات کا یہ اعلان اُنس و محبتِ نبویؐ سے سرشار اہل علم و دانشوروں کے لئے مہمیز ثابت ہوا۔ چنانچہ اب تو اُنہوں نے بڑھ چڑھ کر اس مقابلہ میں حصہ لیا۔

ہمارے محترم بھائیوں نے مختلف زبانوں میں جب مقالات بھیجنے شروع کر دیئے تو ان کی تعداد ۱۷۱ تک جا پہنچی جن میں سے ۸۴ مقالے صرف عربی زبان میں تھے، کیونکہ یہ قرآنِ مجید کی زبان اور رابطہ عالم اسلامی کی دفتری زبان تھی۔

ان مقالات کی چھان پھٹک، جانچ پڑتال اور استحقاقِ انعام کے لحاظ سے ان کی ترتیب قائم کرنے کے لئے رابطہ عالم اسلامی نے دنیا بھر کے شہرۂ آفاق علماء و دانشوروں کی ایک مضبوط کمیٹی تشکیل دی جس کی سفارشات کے مطابق انعام حاصل کرنے والوں کی ترتیب یہ رہی:

پہلا انعام: شیخ صفی الرحمن مبارکپوری، جامعہ سلفیہ، بنارس، ہند
الرحیق المختوم بزبانِ عربی

دوسرا انعام: ڈاکٹر ماجد علی خان، جامعہ ملّیہ اسلامیہ، نئی دہلی ہند

خاتم النّبیین صلی اللہ علیہ وسلم بزبانِ انگریزی

تیسرا انعام: ڈاکٹر نصیر احمد ناصر، صدر اسلامی یونیورسٹی، بہاولپور، پاکستان

'پیغمبر اعظم و آخر' بزبانِ اُردو

چوتھا انعام: پروفیسر حامد محمود محمد منصور لیمو، مصر

منتقٰی النقول في سیرۃ أعظم الرسول ﷺ بزبانِ عربی

پانچواں انعام: پروفیسر عبد السلام ہاشم حافظ، مدینہ منورہ، سعودی عرب

سیرۃ نبي الھدٰی والرحمۃ بزبانِ عربی

رابطہ عالم اسلامی نے ان کامیاب افراد کے ناموں کا اعلان شعبان ۱۳۷۸ھ میں کراچی (پاکستان) میں منعقد ہونے والی پہلی ایشیائی اسلامی کانفرنس میں کیا اور اکناف و اطراف میں وسیع پیمانہ پر اشاعت کی غرض سے تمام جرائد واخبارات کو اس کی اطلاع بھی بھجوادی۔ بعد ازاں تقسیم انعامات کے لئے رابطہ نے مکہ مکرمہ میں اپنے مستقر پر امیر سعود بن عبد المحسن بن عبد العزیز کی سرپرستی میں ۱۲ر ربیع الآخر ۱۳۹۹ھ بروز ہفتہ کی حسین صبح ایک باوقار تقریب منعقد کی۔ امیر سعود مکہ مکرمہ کے گورنر امیر فواز بن عبد العزیز کے سیکرٹری تھے۔ چنانچہ اس تقریب میں گورنرِ مکہ کے نائب کی حیثیت سے موصوف نے انعامات تقسیم کئے۔

## تقریب کی روداد

پانچوں انعامات کے اعلان، تقسیم اور مقالہ نگاروں کو تقسیم انعامات کی غرض سے مکہ مکرمہ کی مقدس سرزمین میں رابطہ عالم اسلامی کے مستقر پر ایک ذی شان اور پُررونق تقریب منعقد کی گئی۔ اس تقریب کی افتتاح میں تلاوتِ قرآنِ مجید کے بعد ہی رابطہ کے نائب سیکرٹری جنرل محترم شیخ علی المختار نے توضیحاتِ مذکورہ کے بعد حوصلہ افزائی،

مبارکباد اور دعائیہ کلمات پر اپنی تقریر ختم کی۔

بعد ازاں حسین آباد بھارت کے مایہ ناز سپوت شیخ صفی الرحمن مبارکپوری کو اظہارِ خیال کی دعوت دی گئی۔ آپ نے اپنی مختصر مگر پُرجوش تقریر میں پاک و ہند اور بنگلہ دیش میں دعوت و تبلیغ بعض ضروری لیکن متروک و ملتوی گوشوں کی طرف سامعین اور حکامِ بالا کی توجہ مبذول کرائی۔ نیز اس کے لازمی نتائج واثرات پر بھی روشنی ڈالی۔ جواباً رابطہ کی طرف سے بھی ان معاملات کے سلجھاؤ کی توقع دلائی گئی۔

پھر امیر محترم سعود بن عبدالمحسن نے اپنی مختصر مگر جامع تقریر کے بعد ترتیب وار پانچوں انعامات تقسیم فرمائے۔ یہی وہ تاریخی تقریر اور تقریبِ تقسیم انعامات تھی جس کی بدولت شیخ موصوف کو خصوصی طور پر پہلی دفعہ حرمین شریفین کی زیارت کی سعادت نصیب ہوئی۔

اس موقع پر رابطہ کے سیکرٹریٹ کی طرف سے یہ بھی اعلان کیا گیا کہ ان کامیاب مقالات کو مختلف اور متعدد زبانوں میں طبع کرا کے تقسیم کیا جائے گا۔ چنانچہ اس پر کاربند اور عمل پیرا ہو کر سب سے پہلے ہمارے ممدوح شیخ صفی الرحمن مبارکپوری کے عربی مقالہ کو بہترین پیرایہ میں زیورِ طبع سے آراستہ کرتے ہوئے قارئینِ کرام کی خدمت میں پیش کر دیا گیا، کیونکہ موصوف نے ہی اعلیٰ ترین واوّلین انعام حاصل کیا تھا۔

***

## ۸

# ڈاکٹر مقتدیٰ حسن ازہری؛ جوارِ رحمت میں

**اشفاق سجاد سلفی**

صحافت و خطابت کے عظیم شہسوار، مایہ ناز مدبر و حکیم، ملتِ اسلامیہ ہند کے مخلص قائد اور بے باک و باعزم مردِ میداں، جامعہ سلفیہ بنارس کے رئیس، اُستاذ الاساتذہ علامہ ڈاکٹر مقتدیٰ حسن ازہری رحمہ اللہ ہزاروں سوگواروں کو چھوڑ کر اپنے مولائے حقیقی سے جاملے۔ اِنا للہ واِنا اِلیہ راجعون! ۳۰/ اکتوبر ۲۰۰۹ء بروز جمعرات بوقت ۵ بجے صبح آپ کی وفات کی خبر سنتے ہی ہند و بیرونِ ہند میں شدید رنج و غم کی لہر دوڑ گئی۔ اللہ تعالیٰ آپ کی دینی و علمی خدمات کو قبول فرمائے اور جنت الفردوس میں اعلیٰ مقام عطا فرمائے۔ آمین! ذیل میں آپ کی سوانح حیات اور کارہائے نمایاں کا ایک مختصر تذکرہ ہدیۂ قارئین کیا جارہا ہے۔ اِدارہ

آنکھیں ہیں آج اُن کے تصور میں اشک بار، جن کے وجود سے یہ فضا مشک بار تھی۔ ماہر اسماء الرجال، فقیہِ ہند علامہ محمد رئیس ندوی رحمہ اللہ کی وفات اور جدائی کا غم ابھی ہلکا بھی نہ ہوا تھا کہ اُستاذِ محترم ادیبِ زماں، فخرِ جماعت، نازشِ سلفیت، مفکرِ ملت ڈاکٹر مقتدیٰ حسن ازہری (رئیس جامعہ سلفیہ بنارس) رحمہ اللہ اپنے ہزاروں روحانی بیٹوں، شاگردوں اور محبین و معتقدین کو سوگوار چھوڑ کر عالم بقا کو کوچ کر گئے۔

اِنا للہ واِنا اِلیہ راجعون!

ان کے شاگردوں اور محبان میں سے کس کو کتنا غم ہوا ہو گا، اس کی پیمائش تو نہیں کی جاسکتی، البتہ ان کی وفات پر اخباروں میں جو خبریں شائع ہو رہی ہیں، ان سے اس بات کا اندازہ کیا جاسکتا ہے کہ فرد سے لے کر جماعت تک، شاگرد سے لے کر اساتذہ تک اور معاصرین سے لے کر معتقدین تک ہر ایک کو آپ کی وفات پر سنگین زیادہ غم لاحق ہوا ہے۔

موت اُس کی ہے کرے جس پہ زمانہ افسوس
یوں تو دنیا میں سبھی آئے ہیں مرنے کے لئے

اُستاذِ محترم ازہری صاحب رحمہ اللہ کا تعلق علم و فن اور صنعت و حرفت کے معروف و مشہور شہر مؤ ناتھ بھنجن سے تھا۔ آپ کی ولادت ۸/ اگست ۱۹۳۹ء کو ہوئی۔ آپ کا خاندان شروع سے علم و فضل، زہد و وَرع اور خلوص و للّٰہیت میں مشہور و معروف رہا ہے۔ آپ کے والد محترم جناب محمد یاسین اہل علم کی خدمت کو اپنے لیے باعثِ سعادت سمجھتے تھے۔ مولانا ثناء اللہ امرتسری سرزمینِ مؤ میں منعقدہ 'آل انڈیا اہل حدیث کانفرنس' میں شرکت کے لئے مؤ اسٹیشن اُترے تو ہاتھ سے کھینچے جانے والے ٹھیلے پر اُن کو بٹھا کر اُنہوں نے اور مولانا مختار احمد ندوی کے والد نے جلسہ گاہ تک پہنچایا تھا۔

آپ کی ابتدائی تعلیم جامعہ عالیہ عربیہ، مؤ میں ہوئی۔ آپ نے خود لکھا ہے کہ "جامعہ عالیہ عربیہ میرا مادرِ علمی ہے۔ میری تعلیمی زندگی کی بسم اللہ یہیں ہوئی ہے۔ قرآنِ کریم ناظرہ پڑھنے کے بعد میں نے حفظِ قرآن یہیں شروع کیا تھا، لیکن اس کا اختتام کہیں اور ہوا، پھر میں نے فارسی کا مقررہ نصاب اور عربی کے چار درجات اِسی ادارہ میں مکمل کئے۔

بلاد بها نيطت علي تمائمي

وأول أرض مس جلدي ترابها

جامعہ اثریہ دار الحدیث، مؤ اور جامعہ اسلامیہ فیض عام، مؤ میں بھی آپ نے تعلیم پائی، البتہ فراغت کی سند آپ نے جامعہ اسلامیہ فیض عام سے ۱۹۶۰ء میں حاصل کی۔ الٰہ آبادی (یوپی) بورڈ سے آپ نے مولوی، عالم اور فاضل کے امتحانات اچھے نمبروں سے پاس کئے۔

آپ ایک ذہین وفطین، لائق و ہونہار طالبِ علم تھے۔ علمی و ادبی ذوق سے بھی سرفراز تھے۔ یہی وجہ ہے کہ زمانۂ طالب علمی میں آپ اپنے اساتذہ کے محبوب و منظورِ نظر رہے۔ جامعہ اسلامیہ فیض عام مؤ سے فراغت کے بعد جامعہ کے ذمہ داروں نے آپ کی اعلیٰ علمی صلاحیتوں کو بھانپ کر آپ کو جامعہ کی تدریسی کونسل میں شامل کر لیا۔ دو سال تک آپ پوری محنت و لگن سے تدریسی فریضہ انجام دیتے رہے، لیکن قدرت کو کچھ اور ہی منظور تھا۔

اللہ تعالی نے یہ مقدر کر رکھا تھا کہ آپ آگے چل کر علوم و فنون، عربی زبان و ادب، کتاب سنت، جماعت و جمعیت اور اقوام و ملت کی گراں قدر خدمات انجام دینے والے ہیں۔ چنانچہ اللہ تعالیٰ نے آپ کے لئے مزید تعلیم حاصل کرنے کی راہ ہموار کر دی۔ آپ اس زرّیں موقع سے فائدہ اٹھاتے ہوئے ۱۹۶۳ء میں دنیا کی مشہور و معروف یونیورسٹی 'جامعہ ازہر' مصر کے تعلیمی وظیفہ پر قاہرہ چلے گئے اور وہاں اُصول الدین فیکلٹی میں داخلہ لے کر ماجستیر (ایم اے) کیا۔ جامعہ ازہر سے فراغت کے بعد قاہرہ ریڈیو کے شعبۂ اُردو میں دو سال تک مترجم اور اناؤنسر کا فریضہ انجام دیتے رہے۔ ۱۹۶۷ء میں آپ ہندوستان واپس آگئے، یہ وہ زمانہ تھا کہ جماعت اہل حدیث کے مخلص اکابر علماء کے

ہاتھوں مرکزی دارالعلوم جامعہ سلفیہ، بنارس کی ابھی ابھی بنیاد رکھی گئی تھی، اور اس کے لئے لائق و فائق اساتذہ کی تلاش و جستجو جاری تھی۔ اس نوخیز ادارہ کے ذمہ داروں نے اس گوہر نایاب کو پہچان لیا اور آپ کی خدمات حاصل کر لیں۔ اب آپ جامعہ سلفیہ بنارس کی تعلیمی و تدریسی سرگرمیوں سے منسلک گئے۔

کچھ دنوں کے بعد جامعہ سلفیہ بنارس میں ملازمت اور تدریسی فریضہ انجام دینے کے ساتھ علی گڑھ مسلم یونیورسٹی، علی گڑھ کے شعبۂ عربی میں ریسرچ کے لئے داخلہ لیا اور ۱۹۷۲ء میں ایم فل کیا، پھر ۱۹۷۵ء میں ڈاکٹریٹ کی ڈگری حاصل کی۔ مسلم یونیورسٹی علی گڑھ کی مایہ ناز علمی و ادبی شخصیات سے کسبِ فیض کرنے کے بعد آپ نے اپنے آپ کو مکمل طور سے جامعہ سلفیہ بنارس کی تعلیمی، تدریسی، تصنیفی اور انتظامی ذمہ داریوں کے حوالہ کر دیا۔ جب کہ ڈاکٹریٹ کی ڈگری حاصل کر لینے کے بعد مختلف سرکاری و غیر سرکاری، ملکی و غیر ملکی اداروں میں اعلیٰ و اونچے مناصب کے لئے آپ کو دعوت دی جا رہی تھی، مگر آپ نے مادیت پرستی کی بجائے دین اور اس کی خدمت کو ترجیح دی۔

میدانِ دعوت و عمل اور تدریس و تربیت میں قدم رکھنے کے بعد ابھی کچھ ہی ایام گزرے تھے کہ آپ نے علمی، دینی اور ادبی حلقوں میں اپنی ایک خاص پہچان اور ممتاز شناخت بنا لی۔ آپ کی اعلیٰ علمی صلاحیتیں نکھر کر سامنے آنے لگیں اور آپ مقبولِ خاص و عام ہونے لگے:

یغوص البحر من طلب اللآلي
ویحظیٰ بالسیادۃ والنوالي

۱۹۶۹ء کا سال سلفیانِ ہند کے لئے بڑا قابل فخر زمانہ گزرا ہے۔ یہی وہ زمانہ ہے کہ اہل حدیثوں کا عربی نقیب و ترجمان ماہنامہ صوت الجامعۃ السلفیۃ (موجودہ صوت الامۃ)

جاری ہوا۔ اس کے اجرا کے اوّل دن سے ہی آپ اس کے ایڈیٹر بنائے گئے۔ آپ کی اِدارت میں نکلنے والا یہ مجلہ روز بروز ترقی کی منزلیں طے کرتا گیا اور کبھی بھی بند نہ ہوا۔ آپ نے ہر شمارہ میں خوب لکھا۔ آپ کی تحریروں کی ملک و بیرونِ ملک میں ایک خاص شناخت بن گئی۔ آپ نے فکری مضامین اور اداریے لکھے، مگر منہج سلف سے موئے سر کے برابر بھی انحراف گوارانہ کیا۔ یہی وجہ ہے کہ آپ کی تحریروں کی بڑی شہرت ہوئی، علمی و ادبی حلقوں نے اُنہیں کافی سراہا اور دلچسپی سے پڑھا۔ آپ کی تحریروں میں چاشنی اور قاری و سامع کے احساسات و جذبات کو متاثر کرنے کا وصف نمایاں ہوتا۔ آپ کی ایک تحریر کی سرخی

زيارة أغضبت المتوهّمين ودولة أذلت المسالمين

جسے امریکہ سے واپسی پر آپ نے سپردِ قلم کیا تھا، کی حلاوت و شیرینی سے آج بھی زبانیں تر ہیں۔

تصنیف و تالیف اور دینی علوم کی اشاعت و تعمیم کے لئے آپ نے عربی زبان کے علاوہ اُردو زبان کو بھی منتخب کیا اور اُردو ادب میں بھی آپ نے اپنی شناخت قائم کی۔ اُردو ماہنامہ 'محدث' بنارس کو ہمیشہ آپ نے اپنی گراں قدر اُردو تحریروں سے مزین کیا۔ روزنامہ اُردو اخبار 'آوازِ ملک' بنارس میں برابر لکھا، نیز ملک کے بہت سارے مجلات و جرائد میں آپ کے گراں قدر علمی و فکری مقالات و مضامین شائع ہوتے رہے۔

۱۹۸۷ء میں جامعہ سلفیہ بنارس کی مجلس عاملہ نے آپ کو 'وکیل الجامعہ' (ریکٹر) کا باوقار عہدہ تفویض کیا۔ اس وقت سے آپ نے وفات تک ملک وبیرونِ ملک میں جامعہ سلفیہ کی مکمل و کامیاب نمائندگی کی۔ اپنے علم و قلم سے جامعہ کا خوب خوب تعارف کرایا اور جامعہ کی تعمیر و ترقی کی راہ میں کوئی دقیقہ فروگذاشت نہ کیا۔ اس عہدہ پر رہتے ہوئے

اُنہوں نے عرب ممالک کے اُمرا و حکما اور علما کے نام جو خطوط لکھے ہیں، ان کو کتابی شکل میں ترتیب دیا جائے تو کئی جلدوں میں علم و ادب کا بہترین ذخیرہ بن جائے گا۔ ۲/ جولائی ۲۰۰۶ء کو آپ رئیس الجامعہ بنائے گئے۔ اس عہدے پر رہ کر جامعہ کے تعمیری و تعلیمی و انتظامی اُمور کو اس قدر خوش اسلوبی اور تندہی کے ساتھ انجام دیا کہ ۹/ اگست ۲۰۰۹ء کو مجلس منتظمہ نے دوبارہ آپ کو اس عہدہ پر پھر بحال رکھا۔

آپ نے ملک و بیرونِ ملک بین الاقوامی علمی مجلسوں، اجتماعات اور کانفرنسوں میں شرکت کی۔ ان میں پیش کئے گئے مقالات کی نقول آج بھی لوحِ قرطاس پر محفوظ ہیں، جنہیں ترتیب دے کر شائع کیا جائے تو علم و فن کی دنیا میں ایک عظیم اضافہ ہو گا۔

آپ کے علم و فن کی دنیا میں قدم رکھنے اور ملی و جماعتی خدمات کی ادائیگی کی راہ میں مصروفِ عمل ہونے کے بعد مرکزی جمعیت اہل حدیث ہند کے پلیٹ فارم سے تین عالمی کانفرنسیں منعقد ہوئیں :

۱۶،۱۵،۱۴/ اپریل ۱۹۹۵ء کو مؤ میں

۱۵،۱۴،۱۳/ مارچ ۲۰۰۴ء کو پاکوڑ میں

اور ۱۹،۱۸/ اکتوبر ۲۰۰۸ء کو دہلی میں

ان تینوں کانفرنسوں میں جماعت و جمعیت اہل حدیث کے لوگوں نے مجلس استقبالیہ کی صدارت کی عظیم ذمہ داری آپ ہی کو سونپی۔ آپ نے ان کانفرنسوں کی کامیابی و کامرانی میں اہم رول ادا کیا اور اپنے بہترین خطباتِ استقبالیہ کے ذریعہ علماء و عوام دونوں طبقہ کے لوگوں کو جمعیت و جماعت سے جڑنے، عقیدۂ سلف پر گامزن رہنے اور کتاب و سنت کی تعلیمات کو عام کرنے کی دعوت دی۔ ان کے علاوہ مرکزی جمعیت اہل حدیث ہند کے دیگر پروگراموں کو بھی آپ نے کامیاب کرنے میں اہم رول ادا کیا۔

جامعہ سلفیہ بنارس میں منعقد ہونے والی متعدد کانفرنسوں، اجتماعات، علمی سیمیناروں اور عرب مہمانوں کی تشریف آوری کے موقع پر منعقد استقبالیہ مجلسوں کے انتظام و انصرام میں آپ نے ہمیشہ گراں قدر کارنامہ انجام دیا۔ بنارس اَدیان و ملل کا قدیم شہر ہے۔ وہاں غیر مسلموں کے پلیٹ فارم سے پروگرام منعقد ہوتے رہتے ہیں اور ہر دین و دھرم کے مفکرین و دانشوران کو اپنے اپنے مذہب و دھرم کی نمائندگی کی دعوت دی جاتی ہے۔ آپ نے ہمیشہ ان پروگراموں میں اسلام کے نمائندہ کی حیثیت سے شرکت کی اور مقالات پڑھے۔

عصری یونیورسٹیوں کی جانب سے بھی منعقد ہونے والے متعدد پروگراموں میں آپ کو دعوت ملتی رہتی اور آپ نے ان میں اپنی شرکت کو یقینی بنا کر جامعہ سلفیہ کی نمائندگی کے ساتھ ساتھ اہل علم و عوام کی دنیا کو اپنی آرا و تجاویز سے مستفید کیا۔

جامعہ سلفیہ، بنارس کی مسندِ تدریس پر آپ ابتدا سے تا وفات فائز رہے۔ آپ نے ہم لوگوں کو عربی اَدب، تاریخ ادبِ عربی اور تفسیر بیضاوی پڑھائی۔ آپ گوناگوں علمی، ملی و انتظامی اُمور کے ہجوم کو سنبھالنے کے باوجود ایک فرض شناس مدرّس کا فریضہ انجام دیتے تھے۔ وقت پر کلاس میں موجود ہو جاتے اور گھنٹی کا پورا وقت افادہ و تدریس میں صرف کرتے۔ جب آپ کا بیرونِ ملک کا کوئی علمی و دعوتی سفر ہوتا تو قبل از سفر خارجی اوقات (بعد نمازِ مغرب) میں ان اسباق کو پڑھا دیتے جن کے دورانِ سفر چھوٹ جانے کا ان کو اندازہ ہوتا تاکہ طلبہ کا کسی بھی طور پر علمی نقصان نہ ہو۔ طلبہ کی کردار سازی اور ان کی ذہنی و فکری تربیت آپ کا محبوب مشغلہ ہوا کرتا تھا۔ یہی وجہ ہے کہ کاموں کے انبار ہونے کے باوجود ندوۃ الطلبۃ کے تحت منعقد ہونے والے ہفتہ واری تقریری پروگراموں کی آپ برابر صدارت کرتے اور توجیہات و نصائح مفیدہ سے طلبہ کو نوازتے

تھے۔ آپ کے ہزاروں شاگردان ملک و بیرونِ ملک میں میدانِ دعوت و تصنیف، تالیف و ترجمہ اور درس و تدریس کے اونچے مقام پر فائز ہیں اور بعض بڑے تعلیمی و دعوتی، تصنیفی و تالیفی اور رفاہی ادارے چلا رہے ہیں۔ ان سب کے پیچھے دیگر اساتذہ کے بشمول آپ کی توجیہات کا اثر کار فرما رہا ہے۔

تصنیف و تالیف، تعریب و ترجمہ اور انشا پردازی و مضمون نگاری آپ کا خاص میدان تھا۔ اس میدان کو آپ نے تشنہ نہیں چھوڑا۔ عربی اور اُردو دونوں زبانوں میں آپ کی تین درجن سے زائد کتابیں شائع ہو چکی ہیں۔ صوت الامۃ (عربی مجلہ) کے اداریے، ماہنامہ 'محدث' بنارس میں شائع شدہ مضامین اور ملک و بیرونِ ملک کے دیگر رسائل اور مجلات میں شائع ہونے والے مقالات و انٹرویوز ان کے علاوہ ہیں۔ اہل حدیث مکتبہ 'الفہیم' مؤ نے آپ کے جملہ مقالات و مضامین کو کتابی شکل میں شائع کرنے کی پیش کش کی تھی۔ آپ نے اس دعوت کو قبول بھی کر لیا تھا اور عربی و اُردو کے مضامین کو ترتیب دینے کا سلسلہ شروع کر دیا تھا، مگر شاید یہ کام آپ کی ذات سے لینا اللہ کو منظور نہ تھا کہ کام انجام پانے سے قبل ہی آپ کی وفات ہو گئی۔

آپ نے پوری زندگی جامعہ سلفیہ بنارس کے شعبۂ تالیف و ترجمہ:

اِدارۃ البحوث الاِسلامیۃ

کے ڈائریکٹر کا فریضہ انجام دیا۔ اس شعبہ سے شائع ہونے والی علمی و فکری، دعوتی و تحقیقی اور درسی و دعوتی کتابیں آپ کے عمدہ ذوق کی آئینہ دار ہیں۔ ان کتابوں میں 'عرضِ ناشر' کے عنوان سے شائع شدہ آپ کی عربی و اُردو فکری تحریریں زبان و اَدب اور علم و فن کی شاہکار ہیں۔ برصغیر ہند کے مختلف مکتبات بعض کتابوں میں آپ سے 'تاثرات' اور 'تقدیمات' لکھواتے تھے۔ ابھی مکتبہ الفہیم مؤ سے علامہ محمد اسماعیل سلفی

(گوجرانوالہ) کی مایہ ناز کتاب 'تحریکِ آزادیٔ فکر اور شاہ ولی اللہ کی تجدیدی مساعی' چھپنے جا رہی ہے۔ اس کتاب کا آپ نے گراں قدر مقدمہ پچپن صفحات پر مشتمل قلم بند فرمایا ہے۔ آپ جب دہلی اسپتال میں زیر علاج تھے تو آپ کی خواہش تھی کہ اگر یہ کتاب چھپ گئی ہو تو اس کا ایک نسخہ اسپتال پہنچایا جائے۔ کتاب کے نہ چھپنے کی وجہ سے آپ کی یہ خواہش پوری نہ کی جا سکی۔

عربی زبان و اَدب پر آپ کے کامل عبور نے ۱۹۹۲ء میں آپ کو 'صدرِ جمہوریہ ایوارڈ' کا مستحق بنایا اور تاریخ ادبِ عربی (۵ جلدوں میں) عربی زبان و ادب کی تاریخ پر ایک شاہکار تصنیف قرار دی گئی۔ آپ کے تراجم و تصانیف میں

رحمة للعالمين ﷺ، قرة العينين في تفضيل الشيخين، مسئلة حياة النبي ﷺ، حركة الإنطلاق الفكري، حقيقة الادب و وظيفته في ضوء تصريحات الادباء والنقاد، مشكلة المسجد البابري، الإسلام تشكيل جديد للحضارة

، خاتونِ اسلام، راہِ حق کے تقاضے، رسالت کے سائے میں، آپ بیتی، عظمتِ رفتہ وغیرہ کتابیں بے حد مشہور و متداول اور مقبولِ خاص و عام ہیں۔ آپ کی خواہش تھی کہ فتاویٰ شیخ الاسلام ابن تیمیہ کی تلخیص اردو زبان میں 'معارفِ ابن تیمیہ' کے نام سے اور تحریکِ شہیدین کے جہود و مساعی کو سلفی نقطہ نظر سے عربی زبان میں ہدیۂ قارئین کریں مگر آپ کی یہ خواہش پوری نہ ہو سکی کہ وقتِ موعود آ گیا۔

ہندوستان کے دینی و تعلیمی اداروں سے آپ کے تعلقات بڑے گہرے تھے۔ جامعہ امام ابن تیمیہ، مدینة السلام، بہار جو سرزمینِ ہند کا ایک عظیم ادارہ ہے۔ اس کو دیکھنے اور اس کے اساتذہ و طلبہ اور معلّمات و طالبات سے ملنے، ان کو کچھ کہنے اور سننے کی شدید خواہش آپ کے اندر موجزن تھی۔ اللہ تعالیٰ نے آپ کی اس خواہش کی تکمیل بھی فرمائی

اور جامعہ امام ابن تیمیہ کے اعلیٰ تعلیمی ادارے المعهد العالي للتخصص في التدريس والتربية کے افتتاحی پروگرام میں آپ بحیثیتِ مہمانِ خصوصی مدعو کئے گئے۔ یہ پروگرام ۳۱/ جنوری ۲۰۰۹ء کو منعقد ہوا تھا اور آپ کے ساتھ ساتھ ڈاکٹر محمد لقمان سلفی (مؤسس و رئیس جامعہ امام ابن تیمیہ) اور شیخ حفیظ الرحمن اعظمی (اُستاذ جامعہ دارالسلام، عمر آباد) کے مبارک ہاتھوں سے

المعهد العالي للتخصص في التدريس والتربية

کا افتتاح عمل میں آیا تھا۔ اس علمی و فکری ادارہ کو آپ جیسے تجربہ کار اور ماہرینِ فن اہل علم کے اِشراف و نگرانی کی ضرورت تھی۔ آپ سے یہ درخواست کی گئی تو آپ نے پورے شرحِ صدر کے ساتھ نہ صرف اس کو قبول کیا، بلکہ اپنے مفید مشوروں سے بھی نوازا۔

آپ نے اس موقع پر علامہ ڈاکٹر محمد لقمان سلفی حفظہ اللہ کی خدمات و مساعی کو خوب سراہا۔ اس علم و فن کی بستی کو دیکھ کر بڑی مسرت و شادمانی کا اظہار کیا اور نیک دعائیں دیں۔ یہاں کی جملہ نشاطات و سرگرمیوں کا معائنہ کرنے اور ان کے پیچھے علامہ ڈاکٹر محمد لقمان السلفی حفظہ اللہ کی کارفرما محنتوں اور کاوشوں سے متاثر ہو کر جامعہ کے حق میں آپ نے دو صفحات پر مشتمل جو تاثرات عربی میں تحریر کئے، وہ اس ادارہ کے تئیں آپ کے نیک جذبات کے آئینہ دار ہیں۔

آپ نے لکھا کہ

"۳۱/ جنوری ۲۰۰۹ء کو جامعہ امام ابن تیمیہ،

مدينة السلام میں المعهد العالي للتخصص في التدريس والتربية

کی تقریب افتتاح کی مناسبت سے جامعہ کے مؤسس و رئیس عزت مآب ڈاکٹر محمد

لقمان سلفی حفظہ اللہ کی دعوت پر راقم الحروف کو اس کی زیارت کا موقع ملا۔ میں محترم ڈاکٹر صاحب کا بے حد شکر گزار ہوں کہ اُنھوں نے مجھے جامعہ کی زیارت کی دعوت دی۔ اس زیارت نے میری ان خواہشات اور آرزوؤں کو عملی جامہ پہنا دیا جو میرے دل میں اس وقت سے موجزن تھیں جب میں نے بغیر دیکھے ہی جامعہ کے بارے میں لکھا تھا۔ لیکن آج جب کہ میں نے اپنی آنکھوں سے جامعہ کے کامیاب تعلیمی منصوبوں اور یہاں کے اساتذہ و معلّمات، طلبہ و طالبات کی سرگرمیوں کا نظارہ کیا تو مجھے ایک عجیب سی سرخوشی کا احساس ہوا، اوراس مردِ مجاہد کی ہمت کی داد دینی پڑی جس نے نہ صرف اپنی زندگی جامعہ کے لئے وقف کر رکھی ہے، بلکہ اس کی تعمیر و توسیع، اساتذہ کی ہمت افزائی اور طلبہ کی رہنمائی میں اپنا سب کچھ قربان کر دیا ہے۔

جامعہ امام ابن تیمیہ میری نظر میں ایک عظیم علمی و دعوتی تحریک ہونے کے ساتھ ساتھ ایک بابرکت تہذیبی مشن ہے جو نہ صرف صوبہ بہار کی تعلیمی و تربیتی ضرورتوں کو پورا کر رہا ہے، بلکہ اس کی روشنی پورے اُفقِ ہند پر پھیلتی جا رہی ہے۔ میں اس جامعہ کے مؤسس و رئیس ڈاکٹر محمد لقمان سلفی حفظہ اللہ کو بے تکلف اور پُر خلوص مبارکباد پیش کرتا ہوں، جنھوں نے یہ عظیم علمی قلعہ قائم کیا۔ فرزندانِ ملت کو صحیح علم و عقیدہ کے حصول کے لئے یہ خوبصورت فضا عطا کی اور باحثین و دعاۃ کو علم اور دین کے تئیں اپنی ذمہ داریوں کو ادا کرنے پر اُبھارا۔ کسی شاعر کا یہ شعر ان پر بجا طور پر صادق آتا ہے:

فانت من۔۔۔ار المکرمات و ربھا
وأعظم ساع للمعالي وراغب

آپ کا ہمارے علاقہ جھارکھنڈ سے بہت گہرا تعلق تھا۔ علاقہ چھوٹا ناگپور (سنتھال پرگنہ) کے ضلع جام تاڑا کی معروف اہل حدیث بستی 'ٹوپاٹانڑ' میں آپ زمانۂ طالب علمی

میں سات سالوں تک تراویح کی نماز پڑھانے کے ساتھ ساتھ درس قرآن وحدیث اور خطبہ جمعہ دیا کرتے تھے۔ آپ کے ساتھ رہنے والے اور دوستانہ تعلقات رکھنے والے لوگوں کا بیان ہے کہ آپ خالی اوقات کو گپ شپ کے بجائے مدرسہ دار الفلاح ٹوپاٹانڑ کی لائبریری میں موجودہ کتابوں کے مطالعہ میں منہمک رہتے تھے اور دورانِ مطالعہ اہمیت کی حامل چیزوں کو اپنی ڈائری میں نوٹ کر لیا کرتے تھے۔ مذکورہ بستی سے آپ کی اس قدر محبت تھی کہ تاوفات آپ نے اس کو نہیں بھلایا۔ اس بستی کے بعض غریب بھائیوں کی آپ نے مالی اعانت بھی کی۔

۲۰۰۰ء میں آپ نے اُستاذ محترم شیخ احمد مجتبیٰ مدنی حفظہ اللہ کی رفاقت میں اس بستی کی زیارت کی۔ پرانے دوستوں اور اٹھنے بیٹھنے والوں سے ملاقات کی اور ان کے مسائل کو سنا۔ آپ نے مکمل ایک ہفتہ قیام کیا اور

كلية التربية السلفية

مدھوپور، جامعہ رحمانیہ مدھوپور، مدرسہ فیض عام چھاتا پتھر، جامعہ محمدیہ ڈابھا کیند اور مدرسہ دار الفلاح، عابد نگر ٹرمنڈا اور ٹوپاٹانڑ کی زیارت فرمائی۔ ہر ایک ادارہ کے لئے آپ نے تاثرات لکھے اور اساتذہ و منتظمین کو نیک مشورے دیئے۔ جامعہ محمدیہ ڈابھا کیند کے صحن میں ایک عام جلسہ کا انعقاد کرا کے علاقے کے لوگوں کو عام خطاب بھی فرمایا۔ عید گاہ جامع مسجد اہل حدیث پتھر چیٹی مدھوپور میں جمعہ کا خطبہ دیا اور نماز پڑھائی۔ جامعہ رحمانیہ مدھوپور اور

كلية التربية

میں طلبا وطالبات کو قیمتی نصیحتیں فرمائیں۔ جب آپ اس سفر سے واپس ہونے لگے تو لوگوں سے کتاب وسنت پر قائم رہنے، ملی وجماعتی خدمات انجام دینے اور تعلیم وتربیت کو

ہمیشہ زندہ رکھنے کا وعدہ لیا۔

علم و دعوت کا یہ عظیم سپوت اچانک ہمیں داغِ مفارقت دے گیا۔ وفات سے ایک ہفتہ قبل آپ کو کمر سے لے کر قدموں تک شدید درد کا احساس ہوا۔ آپ دہلی کے ایک بڑے اسپتال میں داخل کئے گئے۔ ماہر ترین ڈاکٹروں کے علاج کے باوجود آپ کی بیماری بڑھتی گئی۔ شاید آپ کی وفات کا وقت اور ربّ کا بلاوا آچکا تھا۔ ۲۹/ اکتوبر ۲۰۰۹ء بروز جمعرات بوقت ۵/ بجے شام ڈاکٹروں نے جواب دے دیا، اور صاف بتا دیا کہ اب آپ صرف پانچ چھ گھنٹے تک ہی باحیات رہ سکیں گے۔ آپ کے چھوٹے صاحبزادے ڈاکٹر فوزان احمد (پروفیسر شعبہ عربی جامعہ ملیہ اسلامیہ دہلی) اور دیگر رشتہ دار آپ کے ساتھ تھے۔ سب لوگوں نے آپ کو جلد از جلد وطن عزیز مؤ پہنچانا مناسب سمجھا۔ آپ بذریعہ ایمبولینس گھر لائے جارہے تھے کہ کانپور میں ۵/ بجے صبح بتاریخ ۳۰/ اکتوبر ۲۰۰۹ء بروز جمعہ ستر سال، دو مہینہ بائیس دن کی عمر پاکر وفات کر گئے۔ إنا للہ وإنا إلیہ راجعون!

آپ کی وفات کی خبر آپ کے شاگردوں، جماعتی و غیر جماعتی اَفراد واشخاص اور مدارس و جامعات کے اساتذہ و طلبہ نے جہاں کہیں بھی سنی، وہیں سے مؤ کے لئے روانہ ہو گئے۔ بنارس، مبارکپور، اعظم گڑھ، اور ضلع سدھارتھ نگر، بستی، گونڈہ، سنت کبیر نگر اور نیپال سے دس سے زائد بسیں ریزرو کرا کے لوگ آپ کے جنازہ میں پہنچے۔ آپ کے جنازہ میں شرکت کرنے والے لوگوں کی تعداد ایک لاکھ سے بھی زیادہ تھی۔ جنازہ کی نماز، بعد نمازِ مغرب چھ بجے شام ادا کی گئی۔ نماز جنازہ جامعہ سلفیہ بنارس کے نائب صدر مولانا شاہد جنید سلفی بنارسی حفظہ اللہ نے پڑھائی اور آپ اپنے آبائی قبرستان میں دفن کئے گئے۔ دفن کے بعد بھی قبر پر متعدد بار نمازِ جنازہ پڑھی گئی۔ ع

عشق تھا دل میں تر جذبات سے

اس لیے ہم بار بار آیا کئے

آپ کے جنازہ اور تدفین میں جامعہ امام ابن تیمیہ کے پانچ اساتذہ شیخ عبد العلیم مدنی، شیخ محمد ایوب سلفی، شیخ محمد جہانگیر سلفی، شیخ مشتاق احمد سلفی، اور راقم حروف (اشفاق سجاد سلفی) نے شرکت کی اور اپنے مؤقر و محترم اُستاذ کو پر نم آنکھوں سے سپردِ خاک کیا۔ اللہ تعالیٰ آپ کی مغفرت فرمائے۔ آپ کے جملہ حسنات کو قبول کرے، جنت میں اعلیٰ مقام عطا فرمائے اور آپ کے اہل و عیال، پس ماندگان اور اَحباب و تلامذہ کو صبر کی توفیق بخشے۔ آمین! ۲

مرحوم کا ایک تذکرہ مولانا محمد اسحق بھٹی حفظہ اللہ نے 'دبستانِ حدیث' کے دوسرے حصے 'گلستانِ حدیث' میں اس وقت لکھا تھا جب ڈاکٹر موصوف ابھی بقیدِ حیات تھے۔ 'گلستانِ حدیث' عنقریب زیورِ طبع سے آراستہ ہو رہی ہے۔ اس کتاب سے یہ تذکرہ مؤقر ہفت روزہ 'الاعتصام' کے شمارہ بابت ۱۹/ نومبر ۲۰۰۹ء میں چھ صفحات پر شائع کیا گیا ہے۔ مزید معلومات کے لئے اس مضمون کا مطالعہ کریں۔ ادارہ

**حوالہ جات:**


۱. عالیہ جنتری ۱۰، ۲۰۰۹ء/ ۱۲

۲. بہ شکریہ ماہنامہ 'طوبیٰ' دہلی


***

۹

# شیخ الحدیث والتفسیر مولانا ابوالبرکات احمد مدراسی

## اخت عبدالواسع

میرے دادا ابا جان جن کو لوگ مولانا ابوالبرکات احمد کے نام سے جانتے ہیں، ۲۹ جولائی ۱۹۹۱ء کو خالق حقیقی سے جاملے۔ وہ چراغ تو بجھ گیا مگر اپنے پیچھے اپنی روشن کرنیں چھوڑ گیا جس سے آج بھی لوگ فیض یاب ہو رہے ہیں اور جب تک قرآن و سنت کی تعلیم جاری ہے، اس سے فائدہ مند ہوتے رہیں گے۔ ان شاء اللہ

آپ مدراس کے شہر چمناڈ کے نواحی قصبہ 'کاسرگود' میں ۱۹۲۶ء میں پیدا ہوئے۔ والدین نے آپ کا نام اپنی زبان 'مالے یالم' میں 'سی سی احمد' رکھا جس کا اُردو ترجمہ ابوالبرکات احمد ہے۔ بچپن سے ہی دادا جان کو اسلامی ماحول ملا۔ آپ نے ناظرہ قرآن اپنی والدہ محترمہ سے پڑھا اور چمناڈ کے ایک مقامی مدرسہ سے ابتدائی تعلیم حاصل کی۔ آپ کو دینی علوم کے حصول کے لیے والدین نے وقف کر دیا تھا۔ آپ کو مولانا محمد عباس کانن گاڈی کی خدمت میں بھیج دیا گیا، جہاں تقریباً دو سال صرف و نحو اور علومِ عربیہ پڑھتے رہے۔ عربی سے اتنا شغف تھا کہ فارغ اوقات میں بھی عربی ہی کی کتب کا مطالعہ کیا کرتے۔ ذہانت و قابلیت اور انتہائی محنت کی وجہ سے دو سال کے اندر آپ میں اتنا اعتماد پیدا ہو گیا کہ صرف و نحو میں کوئی مزید کتاب پڑھنے کی ضرورت نہ رہی۔ عربیت میں بھی

خوب مہارت حاصل ہو گئی۔ سیکڑوں عربی اشعار یاد کر لیے اور کافی حد تک قرآن حفظ کر لیا۔ کیونکہ آپ کے اُستاد مولوی محمد عباس کی عادت تھی کہ وہ نحو اور ادبِ عربی یا لغت کے بارے میں قرآنِ مجید سے استشہاد کرنے کو ترجیح دیتے تھے۔ اُن کے اِس انداز کو دادا جان نے بہت پسند کیا جس کی وجہ سے قرآن سے محبت بڑھتی گئی اور آخر تک آپ بھی قرآن سے ہی استشہاد کرتے رہے۔

اس کے بعد آپ مولانا محمد کانن گاڈی کے مدرسہ میں چلے گئے جہاں آپ نے فقہ شافعی، تفسیر بیضاوی، تفسیر المنار، معالم التنزیل، خازن، کشاف، فتح البیان، ابن کثیر، فتوحاتِ الہیہ، الفیہ اور اس کی چاروں بڑی شرحیں اور حواشی، اُصول الحدیث پڑھیں، پھر وہیں آپ نے مولانا ابو بکر سے فقہ شافعی اور صحیح مسلم کا درس بھی لیا۔ اس کے بعد آپ علامہ جادی ایری کی خدمت میں پہنچے۔ یہ ایسے فاضل اُستاد تھے کہ طلبہ سامنے کتابیں رکھ کر بیٹھ جاتے اور وہ چہل قدمی کرتے کرتے اس طرح پڑھاتے جس طرح حافظ و قراے کرام بچوں کو ناظرہ قرآن پڑھاتے ہیں۔ دادا جان نے ان سے فتح المعین، شرح المحلی، تخریجی مسائل اور فروعی مباحث، کتاب ہدایہ، جامع الجوامع کے علاوہ منطق اور فلسفہ بھی خوب پڑھا۔

یہاں سے تحصیل علم کرتے کرتے آپ مدراس کے ایک بڑے کالج مدرسۃ العالیہ عربیک کالج میں داخل ہوئے اور یہاں آپ نے مزید علم حاصل کیا۔ کالج کے سربراہ علامہ محمد ابو الصلاح جو 'خلاصۃ التفسیر' کے نام سے لیکچر دیتے تھے، ان سے خوب استفادہ کیا۔ کالج سے آپ نے انگلش، اردو اور عربی زبانیں بھی سیکھیں۔ کالج سے تکمیل تعلیم کے بعد آپ کو وہیں استاد مقرر کر دیا گیا اور آپ نے اپنی تعلیم سے فراغت کے اگلے سال الفیہ ابن مالک، شرح لتہذیب، مختصر المعانی، شرح نخبہ، فتح المعین اور شرح المنہاج، المحلی

وغیرہ پڑھانا شروع کر دیں۔ آپ کے ذوق اور مہارت علم کا اندازہ اسی سے ہو جاتا ہے کہ آپ کے اساتذہ نے اسی کالج میں اگلے ہی سال آپ کو بڑی بڑی کتابیں پڑھانے کے لیے منتخب کر لیا۔

اس کے بعد دادا جان مزید پڑھنا چاہتے تھے اور مصر کی یونیورسٹی، جامعہ ازہر میں جانے کا ارادہ کیا مگر ویزا نہ ملنے کی وجہ سے نہ جا سکے۔ آپ کو اس بات کا بہت دکھ تھا، پھر آپ ہندوستان کے مطالعاتی دورہ میں نکلے۔ آپ حیدر آباد دکن، متحدہ بنگال، یوپی اور بہار وغیرہ صوبوں کا سفر کرتے ہوئے دہلی پہنچ گئے اور وہاں غربائے اہل حدیث کے جامعہ ستاریہ میں تعلیم کی دہرائی کرتے ہوئے دوبارہ صحیح بخاری کا درس لیا اور جامعہ ازہر قاہرہ کے لیے ویزہ ملنے کا انتظار کر رہے تھے کہ پاکستان معرضِ وجود میں آگیا۔

اب مدراس کی طرف واپس جانے کی کوئی صورت نہ تھی۔ اس لیے آپ ایک قافلہ کے ساتھ پاکستان کی سرزمین میں پہنچ گئے۔ اس کے بعد آپ نے پھر کوشش کی کہ دوبارہ والدین کے سایۂ عاطفت میں چلا جاؤں۔ اس سلسلہ میں چمناڈ کے ایک ایم این اے کی وساطت سے آپ کے والدین نے حکومت کو درخواست دی کہ ہمارا بیٹا پاکستان میں پھنس گیا ہے، اسے انڈیا آنے کی اجازت دی جائے۔ بھارتی حکومت نے اس خیال سے کہ یہ مسلمانوں کا کوئی سیاسی لیڈر ہو گا، یہ درخواست مسترد کر دی۔

جب مدراس واپس جانے کی کوئی صورت نظر نہ آئی تو دادا جان کی نظر مدرسہ اوڈانوالہ کی طرف گئی اور آپ نے وہاں کا رختِ سفر باندھا۔ وہاں جا کر خود نمائی نہیں کی بلکہ امیر المجاہدین صوفی محمد عبداللہ کی زیر نگرانی اور مولانا محمد یعقوب صاحب سے صحیح بخاری سہ بارہ پڑھی۔ اسی دوران ایک اہل حدیث عالم دین نے ایک حنفی عالم کو سوالنامہ بھیجا جس کا جواب حنفی عالم نے چیلنج کی شکل میں عربی زبان میں لکھا۔ جامعہ کے اساتذہ

نے وقت کی قلت کا عذر کر دیا، چنانچہ یہ طے ہوا کہ محدث محمد گوندلوی کی خدمت میں بھیجا جائے اور جواب حاصل کیا جائے۔ دادا جان نے عرض کیا کہ یہ مجھے عنایت کیا جائے، میں اس کا جواب لکھنے کی کوشش کرتا ہوں۔ آپ نے بیس صفحات پر مشتمل عربی زبان میں جواب لکھا اور حنفی عالم کی عربی زبان کی بہت ساری غلطیوں کی نشاندہی بھی کی۔ حنفی عالم یہ کہہ کر جواب دینے سے انکاری ہو گیا کہ یہ تو پوری کتاب ہے، اس کا جواب کون لکھے؟ اس کارنامہ کی وجہ سے مولانا صوفی محمد عبد اللہؒ نے آپ کو خاص شفقت سے نوازا اور بیٹوں کی طرح رکھا۔

اوڈانوالہ سے فارغ ہونے کے بعد آپ نے سنا کہ گوجرانوالہ میں حضرت الحافظ محدث محمد گوندلوی کی شکل میں علم و عمل کا سرچشمہ تشنگانِ علم کی پیاس بجھا رہا ہے۔ آپ صوفی محمد عبد اللہ سے اجازت لے کر گوجرانوالہ، ٹاہلی والی مسجد میں حافظ محدث محمد گوندلویؒ کی خدمت میں حاضر ہوئے اور صحیح بخاری کا سماع کیا۔ صحیح بخاری مکمل ہونے پر دلی آرزو تھی کہ تدریس کا موقع دیا جائے مگر زبان سے مسندِ تدریس نہیں مانگی جبکہ محدث گوندلوی چاہتے تھے کہ مولانا ابو البرکات ان سے مسندِ تدریس کے خود طلب گار ہوں۔ دادا ابو نے دوبارہ اگلے سال بخاری شریف کا سماع کیا۔

اگلے سال بھی تدریس کا موقع نہ ملا تو غریب الدیاری میں دادا جان نے لاہور انار کلی میں جا کر ٹوپیوں کی تجارت شروع کر دی۔ اور اپنے اُستاد صوفی محمد عبد اللہ کو خط لکھ کر سارے حالات سے آگاہ کیا۔ آپ کے حالات جان کر صوفی محمد عبد اللہ صاحب سخت ناراض ہوئے اور علم کے ضائع ہونے پر تنبیہ کی اور فوراً اپنے پاس آنے کا کہا۔ دادا جان کے دل میں خیال آیا کہ میں جاتے ہوئے اپنے استاد محدث زماں حافظ محمد گوندلوی سے مل لوں۔ ان سے ملنے گئے اور بتایا کہ مجھے صوفی صاحب نے تدریس کے لیے بلایا ہے۔

محدث گوندلویؒ نے فرمایا: صوفی صاحب سے میں خود بات کر لوں گا۔ آپ یہیں پڑھائیں، وہاں نہ جائیں۔ چنانچہ آپ ۱۹۵۰ میں جامعہ اسلامیہ، گوجرانوالہ کی مسندِ تدریس پر فائز ہوئے اور تن من سے اسی کی آبیاری کے لیے وقف ہو گئے۔ ان دنوں نوشہرہ روڈ گوجرانوالہ پر ایک انتہائی صالح بزرگ نور دین تھے۔ یہ گھر گھر جا کر خواتین کو قرآن و سنت کی تعلیم دیتے اور کھانے کے وقت کسی کے گھر سے کھانا نہ کھاتے۔ جیب سے روٹی اور اچار نکال کر کھا لیتے اور شام کو محلے کے لڑکوں کو تعلیم دیتے اور صابن بنا کر اپنا روزگار چلاتے۔ یہ بزرگ دادا جان کو داماد بنانے پر آمادہ ہو گئے اور نوشہرہ روڈ پر واقع ملک لال خاں والی مسجد میں آپ کا نکاح مولانا محمد علی لاہوری نے پڑھایا اور اس طرح آپ کا گوجرانوالہ کی سرزمین سے ایک مضبوط تعلق قائم ہو گیا اور اپنا گھر مل گیا۔

محدث حافظ محمد گوندلوی کے جامعہ محمدیہ دال بازار تشریف لے جانے پر جامعہ اسلامیہ کا کلی انتظام، انتظامیہ نے آپ کے سپرد کر دیا۔ ۱۹۵۶ء میں جامعہ سلفیہ فیصل آباد معرضِ وجود میں آیا۔ ۲ سال بعد دادا جان کو جامعہ سلفیہ میں تدریس کی دعوت دی گئی کہ آپ کو وہاں جامعہ اسلامیہ سے دو گنا زیادہ وظیفہ دیں گے۔ آپ کو پیسوں سے دلچسپی نہ تھی بلکہ خدمت دین کا شوق تھا۔ اس کے علاوہ ملک کے دیگر مدارس سے بھی تدریس کی پیش کش ہوئی حتی کہ مدینہ یونیورسٹی مدینہ منورہ سے بھی آفر آئی۔ آپ نے یہ کہہ کر کہ اگر مقصد علوم دینیہ کی تدریس ہے تو میں الحمدللہ یہاں کر رہا ہوں اور اس کی یہاں دیگر علاقوں سے زیادہ ضرورت ہے۔ کوئی آفر قبول نہ کی اور تا دم حیات جامعہ اسلامیہ، گوجرانوالہ ہی میں تدریس کا سلسلہ جاری رکھا اور اپنی زندگی کا آخری سبق بھی اسی مدرسہ میں پڑھایا۔

دادا جان کو دل کی تکلیف اور شوگر تھی جس کی وجہ سے آپ کی صحت دن بدن گرتی

جا رہی تھی۔ جب آپ کی صحت زیادہ خراب ہوتی اور دوسرے اُستاد آپ کے اسباق پڑھاتے تو آپ اُن کو بلا کر اپنا اعزازیہ ان کے درمیان تقسیم کرنا چاہتے کہ آپ نے میری غیر موجودگی میں میرے اسباق پڑھائے ہیں، اس لیے اس تنخواہ پر آپ کا حق ہے مگر اساتذہ احترام و سعادت کی بنا پر بے احد اصرار کر کے آپ سے تنخواہ نہ لیتے۔

دادا جان اپنے استادِ محترم کا بے حد احترام کرتے۔ آپ کے استادِ محترم محدث زماں حافظ محمد گوندلویؒ نے اپنی ناسازیٔ طبع کی وجہ سے فتویٰ لکھنے کا منصب اپنی زندگی میں ہی دادا جان کو دے دیا تو دادا جان نے اس بات کو مدّ نظر رکھتے ہوئے کہ اُستاذِ محترم کے دل پر غم کا کوئی شائبہ نہ آئے، آپ ہر سائل فتویٰ کو اس بات کا پابند کر دیتے کہ میرے فتویٰ کو محدث گوندلویؒ سے تصدیق کروا کر لے جاؤ۔ کوئی فتویٰ حافظ محدث محمد گوندلوی کی تصدیق کے بغیر نہ جانے دیتے۔

**آپ کے تلامذہ**

آپ کے شاگردوں کی فہرست بڑی طویل ہے۔ آپ کے بہت سارے تلامذہ آپ کی زندگی میں ہی مختلف مدارس میں بحیثیت مفتی اور شیخ الحدیث اپنے فرائض سر انجام دے رہے تھے۔ آپ کے چند نمایاں اور معروف و مشہور تلامذہ درج ذیل ہیں:

شیخ الحدیث مولانا محمد علی جانبازؒ سیالکوٹ، شیخ الحدیث حافظ ارشاد الحق اثری فیصل آباد، شیخ الحدیث مولانا محمد اعظمؒ گوجرانوالہ، شیخ الحدیث ابو تقی حفیظ الرحمٰن لکھوی لاہور، شیخ الحدیث حافظ ثناء اللہ زاہدی صادق آباد، شیخ الحدیث مولانا حافظ محمد الیاس اثری گوجرانوالہ، شیخ الحدیث مولانا محمد امین محمدی گوجرانوالہ، شیخ الحدیث مولانا حافظ سید محمد اکرم گیلانی گوجرانوالہ، شیخ الحدیث مولانا فاروق احمد راشدی گوجرانوالہ، شیخ الحدیث مولانا عبد السلام کوٹ بھوانی داس، حکیم مولانا ادریس فاروقی سوہدرویؒ، فضیلۃ الشیخ ڈاکٹر

فضل الٰہی، علامہ احسان الٰہی ظہیر شہیدؒ، مولانا میاں محمد جمیل لاہور، مولانا حافظ عباس انجم گوندلوی گوجرانوالہ، مولانا حافظ احمد شاکر لاہور، مولانا عبدالستار حامد وزیر آباد، مولانا محمود احمد میر پوری، مولانا قاضی عبدالرشید جہلن، مولانا محمد یحییٰ گوندلویؒ، مولانا محمد مدنیؒ جہلم، مولانا محمد ذوالفقار ذکی، مناظر اہل حدیث مولانا شمشاد احمد سلفی نارنگ منڈی، مولانا عبدالرحمن عتیق وزیر آباد، مولانا احسان الحق شہباز قلعہ دیدار سنگھ وغیرہ

ان کے علاوہ آپ کے تلامذہ کی تعداد ہزاروں تک پہنچتی ہے جو اندرون و بیرونِ ملک دین کا کام کر رہے ہیں۔ کئی تلامذہ دادا ابا جان کے بعد وفات پا چکے ہیں۔ دادا جان شاگردوں سے اپنی اولاد کی طرح محبت و شفقت کرتے تھے اور ان کی تعلیم کے ساتھ ساتھ ان کی تربیت کو بھی مد نظر رکھتے تھے۔

بہت افسوس اور حسرت ہوتی ہے اور دادا جان کی بہت ہی کمی محسوس ہوتی ہے۔ جب آپ کے حالاتِ زندگی پڑھتے ہیں، آپ کی باتیں والدین کریمین سے سنتے ہیں تو دل خون کے آنسو روتا ہے کہ اللہ تعالیٰ اتنی جلد دادا جان کو ہم سے دور لے گیا، مگر فطرۃ اللہ سے فرار ممکن نہیں۔ دنیا میں کسی شخصیت کو ہمیشہ رہنا ہوتا تو حضرت فاطمہؓ کی کتبِ احادیث میں گونجتی 'یا ابتاہ ﷺ' کی صدا ہمیں سنائی نہ دیتی۔ اللہ تعالیٰ دادا جان کی بشری لغزشوں سے صرفِ نظر فرماتے ہوئے ان کی بخشش فرمائے اور ان کی قبر کو جنت کا باغیچہ بنائے اور کروٹ کروٹ جنت نصیب فرمائے اور ہمیں (اُن کے بیٹے بیٹیوں اور پوتے پوتیوں، نواسے نواسیوں) اور ان کے تلامذہ کو ان کے لیے صدقہ جاریہ بنائے۔ آمین!

***